数学令人如此着迷

(自然篇)

总主编　慕振亮

本册主编　张　靖　贺建帅　李欣泽　梁晓红

电子工业出版社
Publishing House of Electronics Industry
北京·BEIJING

总 主 编	慕振亮
本册主编	张 靖　贺建帅　李欣泽　梁晓红
本册编写人员	邹晓慧　黄 蔓　孟祥英　王艳莉　翟新赟　张丽静
	李欣泽　颜 玲　贾丽明　夏小伟　李 蒙

未经许可，不得以任何方式复制或抄袭本书之部分或全部内容。
版权所有，侵权必究。

图书在版编目（CIP）数据

数学令人如此着迷. 自然篇 / 慕振亮总主编；张靖等主编. -- 北京：电子工业出版社, 2024.6. -- ISBN 978-7-121-48155-0

Ⅰ. G634.603

中国国家版本馆CIP数据核字第2024DN3252号

责任编辑：邓峰　葛卉婷
印　　刷：北京宝隆世纪印刷有限公司
装　　订：北京宝隆世纪印刷有限公司
出版发行：电子工业出版社
　　　　　北京市海淀区万寿路173信箱　邮编：100036
开　　本：787×1092　1/16　印张：5.75　字数：110.4千字
版　　次：2024年6月第1版
印　　次：2024年6月第1次印刷
定　　价：39.80元

凡所购买电子工业出版社图书有缺损问题，请向购买书店调换。若书店售缺，请与本社发行部联系，联系及邮购电话：(010) 88254888，88258888。
质量投诉请发邮件至zlts@phei.com.cn，盗版侵权举报请发邮件至dnqq@phei.com.cn。
本书咨询联系方式：(010) 88254596，geht@phei.com.cn。

目 录

神秘的天文数字 ……………1

立竿见影测周长 ……………7

天文数字的科学记数法 ……………12

藏在植物中的黄金比 ……………15

善"变"月亮背后的数学奥秘 ……………19

生命螺旋线 ……………21

宇宙中目前最大的恒星霸主
——史蒂文森 2-18 ……………25

宇宙中最小的长度单位
——普朗克长度 ……………27

植物叶脉的密码——沃罗诺伊图 ……………30

沙漠中神秘的圆 ……………32

海底画师——河豚 ……………35

会吃海鸟的学霸鱼——珍鲹 ……………39

沙漠中没有水为什么会出现波纹 ……………41

无法测量的海岸线 ……………43

野外迷路方法多 ……………47

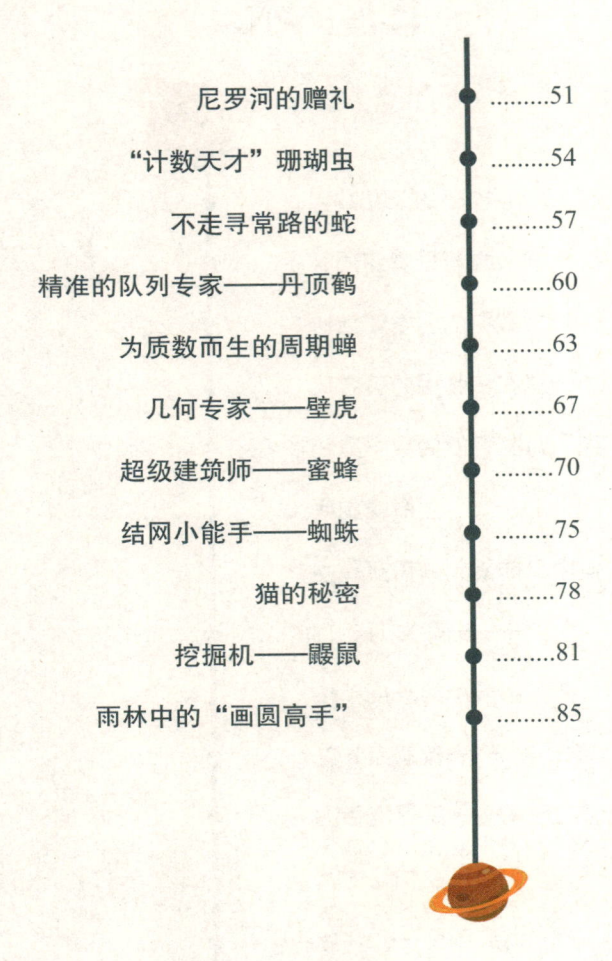

尼罗河的赠礼	51
"计数天才"珊瑚虫	54
不走寻常路的蛇	57
精准的队列专家——丹顶鹤	60
为质数而生的周期蝉	63
几何专家——壁虎	67
超级建筑师——蜜蜂	70
结网小能手——蜘蛛	75
猫的秘密	78
挖掘机——鼹鼠	81
雨林中的"画圆高手"	85

神秘的天文数字

天文学家通过眼睛或望远镜对星体进行观测，通过观测，天文学家对浩瀚星空的发现不断涌现，从而探索出宇宙的种种奥秘。但是或许你不知道，数学计算也是研究天文学的重要工具。

1766年，德国物理学家提丢斯在家闲坐的时候，发现了一组有关宇宙规律的数：0，3，6，12，24，48，96，192，384，…这串数的出现，震惊了整个科学界，引发了数百项不同的研究。奇怪的数背后到底预示着什么呢？又有什么惊天的秘密呢？

仔细观察这串数，除了前两个数似乎是随机选择的，随后的每一个数都是前一个数的两倍。然而，提丢斯的探索并没有止步于此，他还发现把0，3，6，12，24，48，96，192，384分别赋予这样的运算：先加上4，再除以10，就会得到0.4，0.7，1.0，1.6，2.8，5.2，10.0，19.6，38.8。这组数看起来普普通通，但提丢斯发现这组新数，竟然恰好和当时太阳系中所发现的行星与太阳的距离以天文单位表示的数值非常吻合！

当时的天文学家只知晓水星、金星、地球、火星、木星和土星,并且已经测定了各个行星到太阳的距离。

水星距太阳约 57910000 千米
金星距太阳约 108200000 千米
地球距太阳约 149600000 千米
火星距太阳约 227940000 千米
木星距太阳约 778330000 千米
土星距太阳约 1429400000 千米

这些数头仕是太天了，我们很难发现它们之间有什么规律。然而把它们换算成天文单位时，你就会发现惊人的秘密。

天文学定义，地球到太阳的平均距离为一个天文单位 (AU)，一个天文单位约等于 1.496 亿千米。

行星	与太阳的距离 / 千米	天文单位 /AU
水星	57910000	0.39
金星	108200000	0.72
地球	149600000	1.00
火星	227940000	1.52
木星	778330000	5.20
土星	1429400000	9.55

将行星到太阳的距离换算成天文单位后，我们就会发现行星到太阳的距离确实与那组新数非常接近。1772 年，德国另一位天文学家波得进一步研究并公布了这一发现，因而后人以二人的名字共同命名此发现为"提丢斯－波得定则"（简称"波得定律"）。可是，有一个问题，火星与太阳的距离接近 1.6 个天文单位，木星与太阳的距离接近 5.2 个天文单位，按照定律，木星与太阳的距离应该接近 2.8 个天文单位才更加合理，可为什么偏偏略过了 2.8 这个数值呢？

2.8在1.6和5.2之间，也就是说处于火星和木星之间是不是存在着一颗还未发现的行星呢？波得坚信他的定律，因此他向其他天文学家发出呼吁，希望大家一起寻找这颗"丢失"的行星，这个呼吁得到了许多人的积极响应。但是，很多年过去了，天文学家们并没有发现这样的一颗行星。正当大家心灰意冷想放弃时，1781年，英国一位天文学家赫歇尔在观测星空时意外发现了一颗行星，也就是太阳系的第七大行星——天王星。这让波得感到非常兴奋，彼得迅速找到了它的运行轨道，他惊喜地发现这颗行星到太阳的距离是19.6个天文单位，基本上符合"波得定律"。这一发现极大地鼓舞了"波得定律"的支持者们，他们更加确信在火星和木星之间，必定存在着一颗"丢失"的行星。

他们跃跃欲试，充满信心地去寻找。后来，天文学家发现火星与木星之间并没有大行星，而是存在着一条小行星带。宇宙中存在着许多小行星带，但相比之下，这一区域的小行星最密集，而它与太阳的距离是2.77个天文单位，恰好与2.8个天文单位相近。

照这样看来，难道我们的太阳系是有人按照这样的数学规律缔造出来的？事实上，在行星观测历史上，天文学家走过了漫长的路程。1846年和1930年，海王星和冥王星也相继被发现，但它们与太阳的实际距离并不是"波得定律"预言的38.8和77.2个天文单位，可谓是定律的两个特例，这对于"波得定律"来说无疑是一个巨大的冲击。行星与太阳的距离越远，误差越大，规律就越来越不吻合，故许多人对"波得定律"持怀疑的态度。

行星	定律推测值/AU	实际值/AU	误差/AU
海王星	38.8	30.06	8.74
冥王星	77.2	39.44	37.76

（注：冥王星于2006年8月被降级为矮行星，太阳系九大行星修改为八大行星）

"波得定律"自然有它的不足之处，至今为止仍然缺乏让人信服的物理基础。但不可否认它对天文学的贡献，科学家利用这一规律确实算到了天王星和

小行星带的存在。除此以外，在许多气态行星的卫星系统中也发现了与"波得定律"类似的规律性。关于"波得定律"的发现，是巧合还是必然，尽管有人做出了一些解释，但并无定论。随着时间的慢慢流逝，"波得定律"已逐渐被扔进历史的长河中，但不管怎样，这一定律已成为人们孜孜以求的世纪之谜。

我们凝视星空，一次次地探求宇宙的真相。宇宙是无数奇迹和谜团交织的舞台，每一颗星星都是一个独特的存在，每一个发现都让我们更加惊叹。让我们保持对宇宙的好奇心和勇于探索的精神，用科学的眼光、哲学的思考加上艺术的想象，在寻找宇宙真相的过程中勇敢地前行，与宇宙共舞！

立竿见影测周长

"给我一个支点，我就能撬起整个地球。"这是古希腊著名学者阿基米德的名言。虽然他没能真正撬起地球，但向我们生动地展示了杠杆原理的神奇之处。而在历史上，还真有一位学者，仅用一根小小的木棍就完成了一件了不起的事情。这个人就是"地理学之父"埃拉托色尼。

埃拉托色尼是古希腊一位博学多才的学者。他上通天文，下知地理，是著名的天文学家、地理学家、数学家，除此之外他还是一位诗人。他的成就有很多，其中最被人们熟知的是，他是第一个用简单的测量工具测出地球周长的人。要知道，在那个没有精密仪器的时代想测量出地球的周长，可不是一件容易的事，也并非一朝一夕就能完成的。直至20世纪中期，人类向太空发射了卫星，卫星在经过常年的跟踪后，才精准测量出地球的周长约为40075

千米。但早在 2000 多年前，埃拉托色尼仅仅借助一根棍子，就轻松计算出了地球的周长，而且得出的结果和如今卫星测量出来的结果相差不到 1%。那么他到底是如何做到的呢？让我们走进埃拉托色尼的世界，一起去测量地球的周长吧。

据说，在古埃及有一口非常著名的井，坐落于古城塞伊尼（今埃及阿斯旺附近）的尼罗河中一个河心岛洲上。夏至日的正午，太阳光恰好直接照射到井底，没有在井面留下一丝阴影。这一现象引起了埃拉托色尼的注意，在他的印象中，与塞伊尼几乎处于同一经度的亚历山大城，太阳光可从来没有直射过头顶。聪明的他想到，也许太阳光是计算地球周长的最佳工具。

于是，在夏至日那天的正午，埃拉托色尼在亚历山大城竖起一根杆子，并测量了夏至日正午杆子的阴影长度，并借助数学知识计算出杆子和太阳光的夹角是 7.2°。也就是说，在以地心为圆心的球壳上，亚历山大城和塞伊尼城之间的夹角为 7.2°，即相当于圆周角 360° 的 $\frac{1}{50}$。由此表明这一角度对应的弧长，即从塞伊尼到亚历山大城的距离应相当于地球周长的$\frac{1}{50}$。根据测地资料，得知两座城市的距离是5000希腊里（1希腊里≈157.5米），那么只要用这个值乘以50即可得到地球的周长，其计算结果为250000希腊里，为使该数值便于被360整除，埃拉托色尼又加上了2000，为252000希腊里，换算成千米就是39690千米，这和我们现代测量的结果40075千米已经非常接近了。用清华大学科学史系吴国盛教授的话说："真是了不起，这是希腊理性科学的伟大胜利。"

这个实验只用到了一把测量杆长和杆子影长的尺子，以及亚历山大城到塞伊尼城的距离，就完成了整个地球周长的测量。因此这个实验受到了物理学家们的盛赞，被评为十大物理实验之一。

现在我们知道，测量地球周长并不需要完整绕地球表面测量一圈，而只需要测量同一条经线上两个地点之间的距离，再测量两个地点与球心连线的夹角即可。两个地点的距离除以夹角度数即可得到1°圆弧的长度，再乘以360就得到整个圆的周长，即地球的周长。像这样已知一段长度，再确定这段长度占周长的比例，从而推断出周长的做法，体现了数学中转化和已知部分求整体的数学思想方法。可见小到基础的加减乘除，大到天地宇宙，只要我们善于思考，找到正确的思路和方法，任何问题都有突破的可能。

说到这里，同学们想不想效仿埃拉托色尼，亲自计算一次地球的周长呢？要想完成埃拉托色尼的实验，必须要满足两个条件，一是，选择的两个测量地点必须在同一经线上，假设地球是个球体，那么地球经线的长度相当于地球的周长；二是，一定要在正午太阳最高的时候测量。当太阳处在一天中的最高点时，太阳与观测点的连线刚好穿过地心。

在明确上述两个条件之后，我们就可以带上工具测量地球周长了。

本实验需要两个人配合，选取同一经线上的两座城市，准备好杆子、量角器等测量工具。两人同时在两地进行测量，开展实践记录。

立竿见影测地球周长实践

城市	测量太阳高度角（°）
城市 A	
城市 B	

两座城市对于地心转过的角度（太阳高度角之差）：

查阅资料，两座城市之间的距离为 _____，
通过计算，测量出的地球周长为 _____。

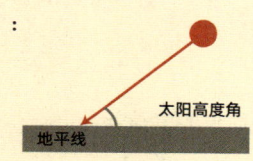

（注：太阳高度角如图所示）

知识链接

爱因斯坦说："我没有特殊天赋，我只是极为好奇。"纵观古今中外历史，曾有多少人为了探索未知宇宙而无数次仰望星空，希望今天的学习能在同学们心中种下一颗好奇的种子，让你们既能拥有仰望星空探索未知的浪漫，又能拥有脚踏实地艰苦奋斗的决心。

天文数字的科学记数法

有人曾说"数字是用来书写宇宙的文字",宇宙中蕴含着无数神秘的序列,它们如星辰般闪烁着充满奥秘的光芒,而在数字的舞台上,这些奇妙的序列将逐渐呈现在我们眼前。

与我们生活中用到的数相比,天文学研究的数一般会很大,而且大得惊人。比如太阳这颗位于太阳系中心的恒星,它的直径约为 1392000 千米,是地球直径的 109 倍,它的体积相当于地球的 130 万倍。太阳不仅体积巨大,而且质量也很庞大,几乎占太阳系总质量的 99.86%。这意味着太阳系中剩下的天体的质量,仅占太阳系总质量的 0.14%,可见从体积和质量上来看,太阳是太阳系的绝对主宰。太阳系所在的银河系,还有很多恒星,总数达 1000 亿颗以上。

实际上，天文数字不仅可以"非常大"，有时也小得令人难以想象。比如拖着长尾巴的"扫帚星"——彗星，彗星分为"彗头""彗发"和"彗尾"三部分，彗头的核心是彗核，彗核的平均密度是 1 g/cm³，而彗发的平均密度小于地球大气密度的十亿亿分之一。又如，地球所得到的太阳的能量仅相当于太阳总能量的二十二亿分之一。

可见真正的"天文数字"从极大到极小，跨度是相当大的。这给我们使用和研究这些数带来了极大的不便。此时就需要一套既简洁又准确的记数方式，这就是科学记数法。

科学记数法就是用 1~10 之间的数乘以 10 的幂的形式来表示一个数。那什么是幂呢？幂就是一个数自乘若干次，是乘方运算的结果。例如：

$10 = 10^1$　　　$100 = 10^2$　　　$1000 = 10^3$　　　$10000 = 10^4$

如果遇到小于1的数同样也可以用科学记数法表示。

$0.1 = 10^{-1}$　　$0.01 = 10^{-2}$　　$0.001 = 10^{-3}$　　$0.0001 = 10^{-4}$

利用这种记数方法，不管多么大或多么小的天文数字都可以用乘法来简单表示。像前面说到的太阳的直径为1392000千米，可以写成1.392×10^6千米。由此可见，使用科学记数法后，进行天文研究时就能节省很多空间和时间，方便又快捷。

其实，科学记数法不仅仅用于天文研究，它在我们的日常生活中也有着广泛的应用。下面信息中的数值，你能用科学记数法来记录吗？

知识链接

世界人口总数超过8000000000人。

世界最大清洁能源走廊2023年发电量超276000000000千瓦·时。

藏在植物中的黄金比

自然界中，鲜花千姿百态、色彩斑斓；植物的叶子鲜翠欲滴、生机盎然，给我们带来了和谐的美感。当我们留心观察时，我们会惊奇地发现，原来，植物的生长并不是杂乱无章的，而是暗藏着数学的逻辑之美，如花瓣中有对称，向日葵中有斐波那契数列，花朵排列中有周期，……不仅如此，科学家还发现植物中，存在着神奇的黄金分割比。

如果用线段来描述的话，就是将一条线段分成两段，短线与长线的比等于长线与整条线段的比，这个比是无理数（无限不循环小数），数值为0.618…

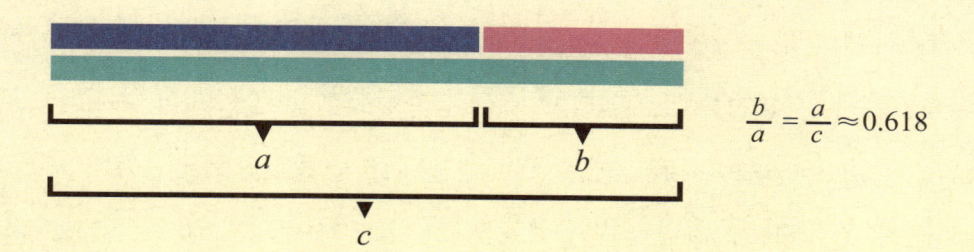

$$\frac{b}{a} = \frac{a}{c} \approx 0.618$$

黄金分割比在自然中备受植物的"青睐"。许多植物的叶片、花瓣的排列都有黄金分割比的"足迹"。常见的树叶中，也将黄金分割比展现得淋漓尽致，充分体现了数学与自然界的奇妙联系。

$\dfrac{B}{A} \approx 0.618$

植物带着数学真理降临世界！细心观察，我们会发现大部分植物的叶子是呈螺旋状生长的，上下层中每相邻的两片叶子之间会形成一个夹角，这个夹角是一个特定的角度，约是137.5°。137.5°其实就是圆的黄金分割张角（137.5°÷360°≈0.382）。我们把周长为 c 的圆周按照黄金分割比分为两部分，各部分弧长为 a 和 b，即 $\dfrac{b}{a} = \dfrac{a}{c}$，那么大弧长 a 所对应的圆心角约为222.5°，而小弧长所对应的圆心角约为137.5°，这个角度又称为"黄金角"。以最常见的车前草为例，它轮生的叶片间夹角约是137.5°，恰恰是黄金角的度数，神奇吗？

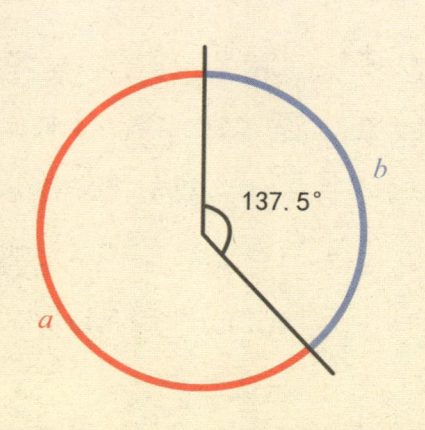

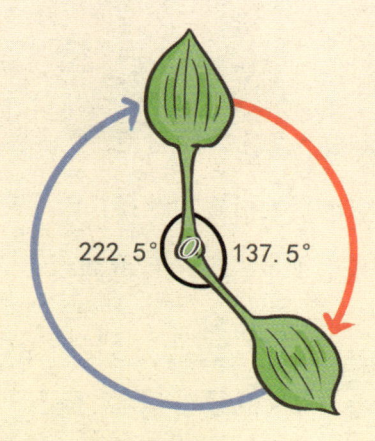

植物轮生叶片的生长夹角选择 137.5° 难道仅仅是因为美观吗？植物要更好地生存，就需要尽可能多地获取阳光进行光合作用，或承接尽可能多的雨水灌溉根部。植物的轮生叶片，要更好地接受阳光，新芽要与旧芽离得尽量远，那么新芽就应该长到旧芽对侧方向，此时新芽和旧芽之间就会形成 180° 的夹角。但是如果是按照这样的角度生长的话，第 2 个新芽与旧芽方向就相同了，第 3 个新芽与第 1 个新芽方向也相同……也就是说，仅绕 1 周芽与芽就出现了重叠，而且总共只有 2 个生长方向，中间的空间都浪费了。如果新芽和旧芽的夹角为 120° 呢？那么同样绕一周就出现重叠，而且总共也只有 3 个方向。

我们可以把这个角度写成 $360 \times \frac{p}{q}$，其中 $\frac{p}{q}$ 是个真分数，芽生长时虽然左右各有一个角度，但我们可以看作是一种生长方式（只是旋转的方向不同），例如，$\frac{p}{q}=0.3$ 和 $\frac{p}{q}=0.7$ 实际上结果相同，夹角是 108° 或 252°。因此我们只需考虑 $0.5 \leqslant \frac{p}{q} < 1$ 的情况。假如 $\frac{p}{q}=\frac{1}{2}$，也就是夹角为 180°，那么，绕 1 周芽与芽会重叠，生长方向有 2 个。如果 $\frac{p}{q}=\frac{3}{5}$，那么，绕 3 周芽与芽就会重叠，生长方向有 5 个。事实上，如果 $\frac{p}{q}$ 是真分数，则意味着绕 p 周芽与芽就出现重叠，共有 q 个生长方向。

显然，如果 $\frac{p}{q}$ 是没法用分数表示的无理数（无限不循环小数），就会"有理"得多。选什么样的无理数呢？小学中，我们认识了第一个无理数圆周率 π，这其实也不是最好的选择，因为它的小数部分与 $\frac{1}{7}$ 非常接近，也就是绕 1 周芽与芽就出现重叠，生长方向也只有 7 个方向。所以结论是，越是"无理"的无理数越好。大自然选择的 $\frac{p}{q}$ 的最佳值 ≈ 0.618，即新芽相比旧芽的最佳旋转角度大约是 360°×0.618≈222.5° 或 137.5°。

原来，黄金角在植物中发挥了惊人的作用，按照这一角度轮生生长的叶子或者花瓣，有助于确保每一片叶子或者花瓣充分占据空间，避免遮挡，从而最大程度地吸收阳光，达到光合作用的最大效果。

如果你留意大千世界，除了植物以外，很多生物身上都有黄金分割比的痕迹，人体也一样。大自然不仅造就了生物的多样性，而且造就了生命的和谐美。因此，我们没有理由不热爱大自然，没有理由不热爱生命。

善"变"月亮背后的数学奥秘

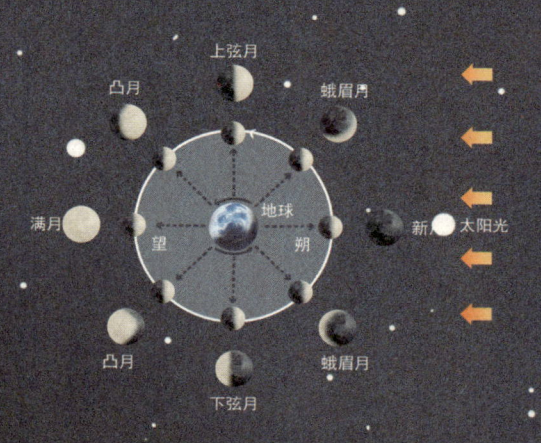

当黑夜来临,月亮就会悄然而至,细心的你一定会发现,不同时间的月亮的形状和大小还不一样呢,它有时像小船,有时像圆盘,有时又像被咬了一口的饼干。其实,月球是一个不会改变形状的球体,那我们看到的月亮为什么这样善"变"呢?

月亮本身是不会发光的,它是将太阳的光,像镜子一样反射给了地球,所以我们能看到明亮的月亮。而月亮"变脸"的原因是太阳、地球、月亮三者的位置不断在变化,地球每天都在自转并围绕着太阳公转,同时由于引力的影响,月亮也在不停地围绕地球转动,因此才有了月亮的形状和大小在周而复始地变化,这种现象被称为"月相变化"。如果把地球看成一个顶点,太阳、月球与地球的连线形成一个角度。当月亮和太阳与地球连线形成的角度为0°时,即月亮和太阳均在地球的同一侧时,我们看不到月亮被照亮的部分,此时的月相称为"新月"或"朔"。

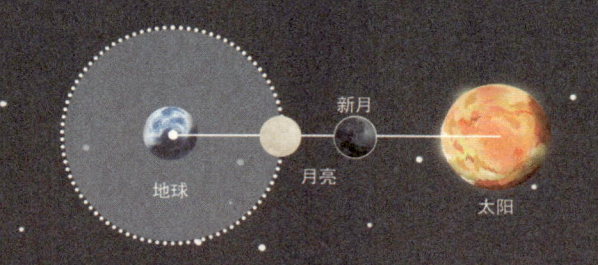

当月亮和太阳与地球连线形成的角度为90°时，月相称为"上弦月"，我们在地球上刚好看到半圆形的月亮挂在天上。

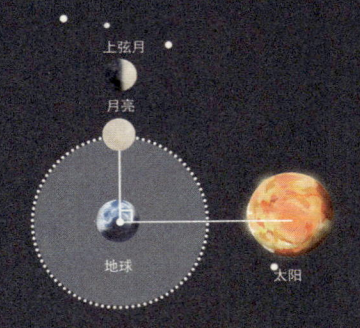

当月亮和太阳连线形成的角度为180°时，月相称为"望"，此时的月亮最圆、最亮。

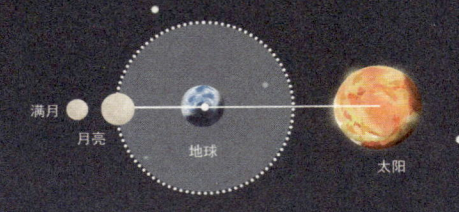

月相的变化依次为：新月、蛾眉月、上弦月、凸月、满月、凸月、下弦月、蛾眉月、新月。月球围绕地球公转一周，即从"朔"到下一个"朔"或从"望"到下一个"望"所经历的一个周期，平均时长大约是29日12时44分，这个数值也是我国农历月份制定的重要依据。

"人有悲欢离合，月有阴晴圆缺。"每当仰望星空，你的内心是不是充满了无限的遐想和好奇呢？

生命螺旋线

在自然界中,你会发现许多螺旋线,比如向日葵盘上种子的排列方式,松果表面鳞片的排列方式,牵牛花的生长曲线等都是螺旋线。仔细观察这些螺旋线,它们螺旋的方式相似却又不尽相同。科学家们根据螺旋形状和方式,又将它们细分为不同的螺旋线,今天我们就来讲一讲比较常见的斐波那契螺旋线和圆柱螺旋线。

说起斐波那契螺旋线,我们就不得不提斐波那契数列:0,1,1,2,3,5,8,13,21,…即从第三个数开始,每一个数是前两个数之和。这个数列看似平平无奇,但很多植物的生长都靠它来指挥。我们以松果为例,从底部观察,它的木质鳞片排列呈向上的螺旋结构,这些螺旋结构既有顺时针方向的也有逆时针方向的。以下列图片为例，我们不难发现图中松果有 8 个顺时针螺旋结构和 13 个逆时针螺旋结构，而 8 和 13 就是斐波那契数列中的两个连续数字。这并不是特例，有科学家对更多的松果进行了研究，发现 97% 的松果都具有这样的螺旋结构。同样，向日葵的花序也存在两组螺旋线，它们像松果一样有顺时

8 个顺时针螺旋结构　　13 个逆时针螺旋结构

针和逆时针两个方向，这两个方向的花序相互盘绕，并彼此镶嵌。我们可以来数一下这些螺旋结构的数量，顺时针方向是 34 的话，逆时针方向一般就是 55，而 34 和 55 恰好就是斐波那契数列相邻的两个数。科学家研究发现，向日葵两个方向的螺旋结构数量一般以 34 和 55，55 和 89 或者 89 和 144 这三组数为主。科学家认为，这样的排列可以使向日葵花盘容纳最大数量的种子。

向日葵花序的螺线：右旋 34，左旋 55

对于蔓生植物而言，像牵牛花或者五味子，它们一般会缠绕在直立的物体或者植物的主干上生长，形成一条圆柱螺旋线，只不过前者倾向于逆时针方向（右旋）盘旋而上，后者则按顺时针方向（左旋）缠绕生长。它们之所以能形成这样的螺旋结构是因为植物的生长需要阳光，为了不被其他物体遮挡，只有长得快，爬得高，才能获得充足的阳光，然而牵牛花、五味子的枝干比较细弱，无法独立爬至高处，只能沿着其他植物的枝干或者物体向上爬。因为这些植物的枝干或物体近似圆柱形，所以牵牛花在这样的支撑物上爬出来的轨迹如同一条圆柱形螺旋线。蔓生植物靠这种生长轨迹攀附于其他植物或物体，以便获取更多的阳光和营养，来保证自身的生存与繁衍。正因如此，英国科学家柯克说："螺旋线——生命的曲线。"

螺旋的生长模式，是植物在自然界生存竞争中的智慧结晶，这种生长模式不仅增强了其自身的生存能力，还赋予了人类非常多的创造灵感。我们的生活中也存在各种各样的螺旋，比如螺丝钉、过山车、旋转楼梯、台风的旋转云图等。20世纪50年代初，生物学家发现承载生物遗传密码的DNA就具有双螺旋结构。生命的延续，离不开螺旋状的基因，螺旋结构以多元化的形态存在于宇宙万物之中，不断诠释生命的魅力，呈现生命的轨迹。

宇宙中目前最大的恒星霸主
——史蒂文森 2-18

俗语说："万物生长靠太阳。"从这句话中可以看出太阳是能量之源，太阳持续不断地为地球上生活的我们提供光源和热量。

太阳是太阳系中唯一的一颗恒星，它的直径约为 139.2 万千米，是地球直径（约 12742 千米）的 109 倍，其体积大约是地球的 130 万倍。而在浩瀚无垠的宇宙中，比太阳大的恒星不计其数。那你知道目前人类发现的体积最大的恒星是哪一颗吗？

目前人类发现的体积最大的恒星是一颗被命名为"史蒂文森 2-18"的红超巨星。天文学家通过观测发现，史蒂文森 2-18 的直径达到了 29.8 亿千米，是太阳直径的 2143 倍，其体积是太阳体积的 100 亿倍。如果把它放在太阳系，它的表面将覆盖水星、金星、地球、火星、木星、土星等天体。通过这些数据，你能感受到史蒂文森 2-18 是多么大的恒星霸主了吧！

根据史蒂文森 2-18 的直径长达 29.8 亿千米，可计算出它的赤道周长大约为 93.6 亿千米。如果我们平时出行乘坐的是磁悬浮列车，且一直以最高每小时 350 千米的速度行驶，绕史蒂文森2-18的赤道一圈将需要3053年左右的时间；如果我们乘坐的是一辆普通汽车，一直以每小时120千米的速度行驶，绕史蒂文森2-18赤道一圈将需要花费8904年左右的时间。不敢想象，史蒂文森2-18这颗恒星到底有多么巨大！

其实，人类目前的科技还无法精确地知道银河系中恒星的具体数量，也无法观测到每一颗恒星的数据，它们或处于遥远的地带，或被星际物质遮挡，但天文学家始终相信宇宙中还存在着比史蒂文森2-18体积更大的恒星。

宇宙中最小的长度单位
——普朗克长度

《庄子·天下篇》中曾有这样的记载:"一尺之棰,日取其半,万世不竭。"这句话的意思是一尺长的木棍,每天截取它的一半,照此方法截取,永远不会截完。这实际上描述的是数学上的"极限思想",即无限接近但永远不会达到。

从数学的角度来看这句话,如果把这里的一根木棍用一张纸条代替,并将其看作单位"1",通过数形结合探究"日取一半"的过程,如下图所示。

第一次: $1 \times \frac{1}{2} = \frac{1}{2}$

第二次: $\frac{1}{2} \times \frac{1}{2} = \frac{1}{4}$

第三次: $\frac{1}{4} \times \frac{1}{2} = \frac{1}{8}$

第四次: $\frac{1}{8} \times \frac{1}{2} = \frac{1}{16}$

第五次: $\frac{1}{16} \times \frac{1}{2} = \frac{1}{32}$

我们很容易看出，总有一个分数对应着纸条剩余的部分，似乎可以无穷无尽地截取下去，总也没有尽头。但事实上真的是这样吗？

从物理学的角度来看，所有的物质都是由原子构成的，而原子的尺寸是有限的。通过查阅资料，我们知道战国时期的 1 尺 ≈23.1 厘米，原子直径一般不超过 0.5×10^{-10} 米，按照"一尺之棰，日取其半"的说法，每天截取其中的一半，大约 31 天后即只剩 1 个原子直径的长度，所以一根木棍不可能万世不竭地截取下去。这在《墨子·经下》中也有印证："非半弗斫，则不动，说在端。"这句话的意思是物质不断地从中间分割，直到无法再分，此时的物质便叫作"端"。"端"是空间中不可再分割的最小单位。目前世界上可测量最小的长度单位叫作普朗克长度，只有 1.616×10^{-35} 米。它是由德国物理学家马克斯·普朗克在 20 世纪初提出的，普朗克长度的计算值，是一个与黑洞和量子力学有关的物理量，由光速、普朗克常数和万有引力常数决定的。根据物理学的定义，普朗克长度的公式是：

$$l_p = \sqrt{hG/c^3}$$

其中，h 是普朗克常数，约为 $6.62607015 \times 10^{-34} J \cdot s$；$c$ 是光速，其值约为 3×10^8 m/s；G 是万有引力常数，其值为 $6.67 \times 10^{-11} N \cdot m^2 \cdot kg^{-2}$。

普朗克长度是有意义的可测任何事物的最小尺寸，又叫作"极限尺度"。当前人类没有任何手段可以探测到极限尺度以下的长度。人类的感官对世界的认识只能停留于极限尺度以上。

可能你会产生这样的疑问:《庄子·天下篇》中记载的这句话与目前人们掌握的数学知识、测量长度的技术手段是否相悖？其实不然，这句话记录的既不是数学知识，也不是物理知识，而是哲学问题，"一尺之棰，日取其半，万世不竭"主要反映了人们对待事物的认知永无止境。相信热衷于探究的你，对数学领域的学习也可永无止境！

长度单位	数值	对应物
1米	10^0 m	人
1毫米	10^{-3} m	
1微米	10^{-6} m	血细胞
1纳米	10^{-9} m	
1皮米	10^{-12} m	原子
1飞米	10^{-15} m	原子核
1阿米	10^{-18} m	夸克
1仄米	10^{-21} m	中微子
1幺米	10^{-24} m	
	10^{-27} m	
	10^{-30} m	
	10^{-33} m	
	10^{-36} m	⇐普朗克长度

植物叶脉的密码
——沃罗诺伊图

仔细观察植物的叶片，你一定会发现它们上面分布着清晰可见的叶脉，这些叶脉就如同动物的血管，它们在为叶片提供水分、无机盐等物质的同时，输出光合作用的产物，而且在组织结构上它们还能够支撑叶片。我们把比较粗大的叶脉称为"粗脉"，比较细小的叶脉称为"细脉"，细脉会形成大小不均、形状各异的网络结构。为什么不同的植物叶片几乎都存在着类似的网络结构？这些叶脉的网络结构是怎样形成的？它们中有什么奥秘呢？

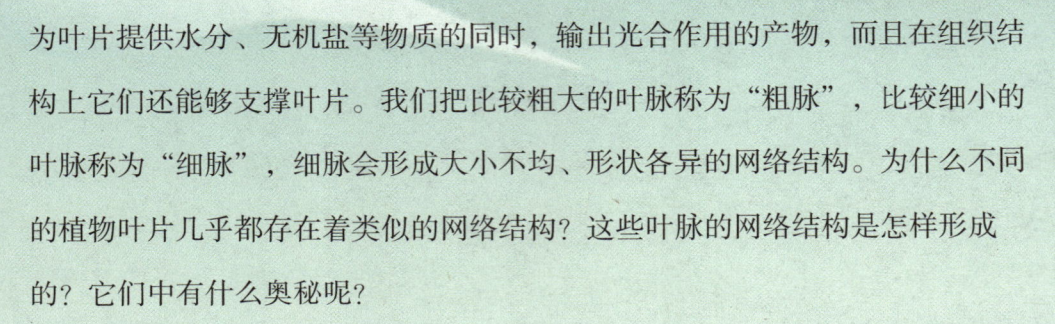

经过观察，科学家们发现植物叶脉上的这种网络结构还能在蜻蜓的翅膀、长颈鹿的皮毛图案，甚至某些生物组织中找到。这些看似毫无关系的现象却又有相似之处，后来俄国数学家沃罗诺伊发现它们都可以用同一个数学原理来解释，即"沃罗诺伊图"。

沃罗诺伊图又称"狄利克雷镶嵌"或者"泰森多边形"，它是一种空间分割算法。这种算法我们可以简单理解为，在一块饼上随机撒一些芝麻，再用沃罗诺伊图方法将饼分割成若干块，这种分法使每块饼上刚好有一粒芝麻。如果我们在饼上任取一点，与此点最近的芝麻恰好和它在同一小块上。如何能做到这一点呢？只需要我们把饼上所有的芝麻标上序号，并将相邻的点连接起来，

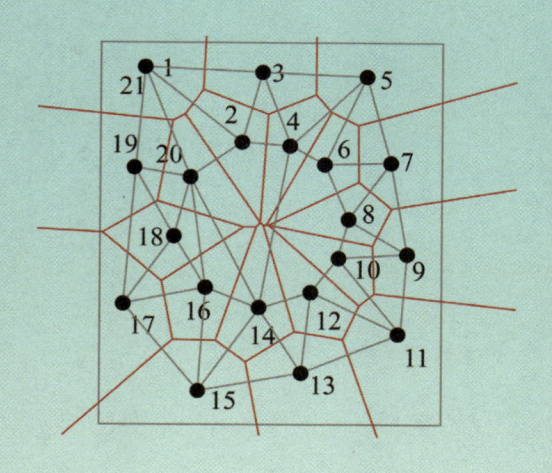

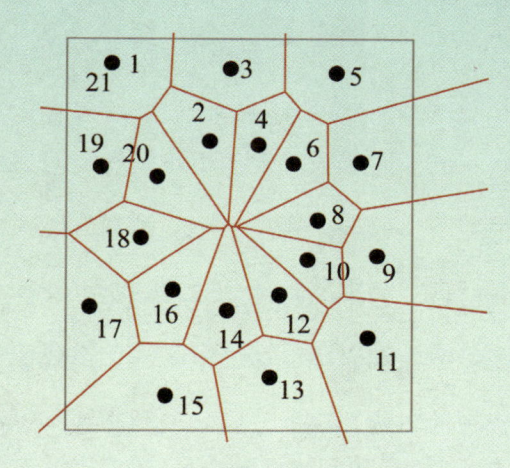

构成一个个三角形，然后作三角形每条边的中垂线，一个点周围所有的中垂线围成一个多边形。擦掉三角形网格，这张结果图就是我们所说的沃罗诺伊图了。

植物的叶脉之所以能够形成这样的网络结构，是因为距离叶脉越远的组织得到养分越晚，生长越慢，我们可以把生长最慢的那些组织看作饼上的小芝麻。为了保证叶片能够健康生长，叶脉汲取养分后是向它的两侧均匀渗透的，"小芝麻"就会对称地分布在每条叶脉两侧，叶脉也就成了相邻"小芝麻"连线的中垂线，这样的方式能够保证叶脉更好地输送养料。

沃罗诺伊图还被应用于现代建筑设计中，比如我们国家的游泳中心"水立方"就是应用了沃罗诺伊分割，这个设计使整个建筑充满活力，给人一种宏伟壮观的感觉。

沙漠中神秘的圆

迷失在沙漠中无疑非常危险。然而，这种险境却揭示了一种引人入胜的数学现象。有一种说法：如果在沙漠中迷路了，我们会无意识地走出一个完美的圆。这是真的吗？曾经有人在沙漠中做过一个试验：把一个人的眼睛蒙起来，让其走路，不管他走多远，最后的轨迹都是一个圆。下面让我们一起来探索沙漠中这个神秘的圆。

我们可以尝试走两步，然后量一下每只脚的跨步长。我们不难发现，两只脚的跨步长是不一样的，即使这个差距很微小。那么在沙漠中不能辨别方向的情况下走完比较长的一段路后，一只脚滞后另一只脚的距离会较大。所以在沙漠中行进时，人的两只脚形成的轨迹应该是两个同心圆，这也就是为什么我们在沙漠中迷路后走出的路线会是一个近似圆的轨迹。接下来，我们利用数学思维来详细研究一下这个问题。

首先，我们假设人的左脚和右脚走出的每一步都是均匀的，其中，右脚每次比左脚多迈出的那一小段固定距离为 a，即跨步长差为 a。规定我们在行走的过程中，没有参照物，也不能随意改变行进的方向。

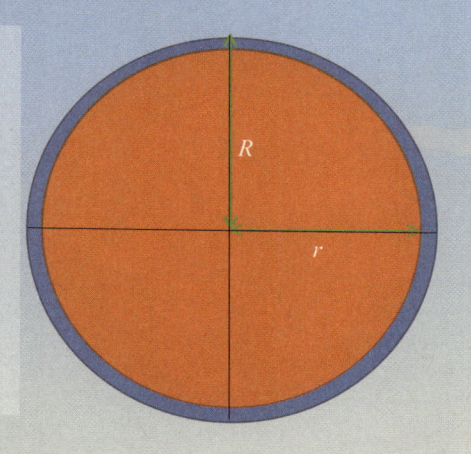

我们前面说到人的跨步长差在充分长的路程之后会累积到一个比较大的值，人的两只脚形成的轨迹近似两个同心圆。在这个前提下，我们假设人的左脚跨步长为 L，则右脚跨步长为 $L+a$。

我们假设大圆的半径为 R，小圆的半径为 r，左右脚之间的距离为 d，那么，这两个同心圆的周长之差 $e=2\pi(R-r)=2\pi d$。

这个周长差就是我们走一圈后，所走的步数与跨步长差的乘积。小圆的周长为 $C=2\pi r$，那么我们所走的步数就是 $\frac{2\pi r}{L}$。综上，我们得知 $e=\left(\frac{2\pi r}{L}\right)a$。

通过 $e=2\pi d=(\frac{2\pi r}{L})a$ 可知，$r=\frac{dL}{a}$。

因为我们左右脚之间的距离以及两只脚的跨步长是一定的，所以可以看出，在沙漠中，走出的圆的轨迹的半径与左右脚的跨步长之差 a 成反比，a 越大，圆的半径就越小；反之，a 越小，圆的半径就越大。

下面我们就来看一下每一步微小的差距在沙漠中会导致我们绕多大的圈子。

假设同学们的跨步长差 a 为 0.0001 米，左右脚之间的距离 d 为 0.1 米，我们每走一步左脚的跨步长 L 为 1 米。通过上面的分析，我们知道 $r=\frac{dL}{a}$，即 r 为 1000 米。根据圆的周长公式 $C=2\pi r$，我们便能得到所绕同心圆内圆的周长约为 6280 米。由此可见，0.1 毫米的微小差距，也会导致我们走出以 1000 米为半径、内圆周长为 6280 米的同心圆。

大家可能会想，该如何避免在沙漠中绕圈呢？在这里我们给出一些提示。首先，我们可以利用已知的参照物来校正我们的方向感。例如，我们可以借助太阳、月亮或星星的位置来辅助导航。其次，我们还可以尝试改变自己的步态，以减小单侧偏向。

海底画师——河豚

人类社会历程中存在着许多未解之谜，麦田怪圈就是其中之一。大片的麦田被某种神秘力量压平，构造出各种各样的几何图案，许多人将其视为外星人留下的痕迹。1995年，人们在海底深处也发现了类似的神秘怪圈，这些怪圈由多个同心圆组成，最内部的圆有着像沟壑一样的条纹，而外部的圆则由一个个的小山丘组成，这样美丽而又神秘的怪圈难道也是外星人制造的？

后来，科学家经过近20年的研究发现，原来这是一种名为白斑河豚的鱼建造的巨大工程。雄性白斑河豚悉心考量"新房"位置，精心挑选优质细沙,利用自己的鱼鳍不断搅动海底的沙粒,形成一道道凸起的"山脊"作为"新房"的外圈,而在建造内圈时,它则将细沙含在嘴里喷出内层圆圈,与此同时,雄性白斑河豚为了吸引异性还会用鲜艳的贝壳和漂亮的石头装饰"新房",如果有雌性白斑河豚被这漂亮的"新房"吸引,便会游到它的内圈产卵。这些雄性河

伦敦公园大道一号

豚是不是很有绘画的天赋呢?如果你知道它们为什么将"新房"建成圆形,你一定会极度震惊。

在日常生活中,我们居住的楼房外观多数是方形设计,而一些相对较高的建筑,它们的外观设计则倾向于圆形。例如,伦敦新地标——公园大道一号,共有58层。还有上海中心大厦,它是上海市的一座巨型高层地标式摩天大

上海中心大厦

楼,现为中国第一高楼、世界第三高楼,总高度632米。你想过这是为什么吗?

从物理学角度分析,圆形建筑由于其独特的形状特征,更有利于降低风阻,减少高楼风的形成,在一定程度上保证了高楼的稳定性。另外,从建筑学角度分析,当地球表面稳定时,由于建筑和地面存在一定的摩擦力,所以地球自转产生的扭转力,不会对建筑造成破坏和影响。但当地球表面不稳定时,如发生地震时,建筑与地面的摩擦力就会发生变化,此时建筑就会受到扭转力的影响和破坏。根据科学家的研究表明,由于圆形的几何特征,它在旋转和平动变形过程中,相对最为稳定。河豚的"新房"建造在海底,水的流速相对较慢,再加上圆形的外形及内部沟壑一般的建造特征,可以为河豚提供一个安全稳定的居住场所。

圆形除了有上述的特征外,还有一个和数学息息相关的秘密。你能试着算一算,周长相同的长方形、正方形、圆形,谁的面积最大吗?

● 我们先来比较周长相同的长方形和正方形的面积大小。

假设周长为16厘米。

根据正方形周长 = 边长 × 4,可推算出边长 = 4(厘米),正方形面积 = 4 × 4 = 16(平方厘米)。

根据长方形周长 =(长 + 宽)× 2,我们假设,长 = 6厘米,宽 = 2厘米,长方形面积 = 长 × 宽 = 6 × 2 = 12(平方厘米)。再试一试长和宽的其他组合方式,你是不是也得到了周长相等,正方形面积大于长方形面积的结论呢?在中学阶段,我们还会接触到均值不等式,它也可以帮助我们解决这个问题。

●我们再来比较周长相同的圆形和正方形的面积大小。

设周长为 C,正方形的边长为 a,圆的半径为 r。

根据正方形周长公式 $C=4a$,可得

$a=C\div 4=\dfrac{C}{4}$,$S=a\cdot a=\dfrac{C^2}{16}\approx 0.0625\,C^2$

根据圆周长公式 $C=2\pi r$ 可得,

$r=C\div 2\pi=\dfrac{C}{2\pi}$,$S=\pi r^2=\pi\cdot\left(\dfrac{C}{2\pi}\right)^2=\dfrac{C^2}{4\pi}\approx 0.08C^2$。

由此可以得出周长相等,圆形面积大于正方形面积。

同样,我们也可以用假设的方法来进行解答,但得到的结论是相同的。

经过比较我们发现,周长相同的长方形、正方形、圆形,圆形面积>正方形面积>长方形面积。

看来白斑河豚不仅仅是一位画师,还是一位数学家呢。既然圆形的建筑具备诸多优点,为什么人类不大量建造圆形的楼房呢?开动你的脑筋积极思考吧,期待你的奇思妙解。

会吃海鸟的学霸鱼
——珍鲹

　　鸟捕鱼，可谓司空见惯、极为寻常，那鱼捕鸟呢？估计听说过的人极少，见过的人就更少了。在我国南海就有这样一种怪鱼，酷爱吃海鸟，它们为了捕食甚至学会了"飞行"和"计算"。

　　这种掌握了"飞"这个技能的鱼，不是飞鱼，而是珍鲹（shēn）。根据记录，已知最大的珍鲹体长可达1.7米，体重可达80千克，游行的最高速度能够达到每小时60千米。这种鱼的适应能力很强，多见于海洋中珊瑚礁附近，无论在哪儿，珍鲹都是称霸一方的顶级捕食者。

　　珍鲹捕鸟之前，会经过一段时间的"追踪"，它们会追随成群的燕鸥或其他海鸟，并将目标锁定在仍处于学习飞翔阶段的幼鸟，一旦这些幼鸟离水面较近，珍鲹就会发动攻击。珍鲹的身体整体看起来为笨拙的卵圆形，但它却拥有着极为狭窄纤细的长鳍，尤其是它有一张硕大的嘴，平时它的嘴角都是折叠成向下的U字形，然而当它一旦发现海鸟，准备捕食的时候，就会瞬间张开大嘴，这时嘴角的皮肤被完全展开，能将海鸟一口吞下。

珍鲹之所以能完成"跳跃"这个动作，一是因为它的肌肉力量很强，能通过身体的摆动将速度提升到每小时60千米左右，并在跃起时达到1.8米到2米的高度。二是因为长期的进化让珍鲹成了鱼类中的"数学家"。它们精于"计算"，可以在水中精确计算水面海鸟的飞行高度、速度以及飞行轨迹，还能测算出自己出水"起飞"的最佳角度。遇上"算术"如此厉害的珍鲹，海鸟能够侥幸脱逃的概率微乎其微。

"螳螂捕蝉，黄雀在后"，海鸟可能永远也想不到，以捕鱼为生的自己会葬身鱼腹。

知识链接

速度：单位时间内所行路程叫速度；常见的速度单位有米/秒、千米/小时等。

角度：用于描述角的大小，常用单位为度。

轨迹：物体在空间移动的过程中，所经过的全部路径，其位置受某一定量的支配。

沙漠中没有水为什么会出现波纹

有人把沙漠中的沙波纹，描写成"凝固了的海浪"，看到这里，你的脑海中是否会浮现出这样一幅画面：广袤无垠的沙漠，一眼望去，好像布满无数的波浪。只不过这些"波浪"是静止的，不像海洋的波浪那样起伏不定，汹涌澎湃。

为什么干旱的沙漠中，也会像海洋一样出现波纹呢？沙漠中的波纹又是怎样形成的呢？

其实，沙波纹是中国大漠中一种特殊的自然景观，它是指由于风力作用而在沙地表面产生的各种波纹形状，大致分为直线状、弯曲状、链条状、马舌状和新月状等五种形状。

沙波纹的形成，主要是靠风的帮助。风会把沙子吹成犹如海浪一般的形状。沙漠里经常刮风，而且风力通常非常大，最大风力可达10~12级。大风会把沙粒卷起，风力越大，卷起的沙粒也就越多。随着风的不断吹动，沙粒会不停地往波峰方向滚动，而从波峰滑下的沙粒则会在波谷中堆积起来，从而形成波谷。就这样，随着每次风的吹动，沙的堆积，就形成了沙波纹。类似的纹理还有天上的云纹。

沙波纹表面的沙粒相对较大，而内部的沙粒相对较小。沙粒的粗细比例和不同的风力，均会影响沙波纹的形状，因此沙漠中有形状各异的沙波纹。你听说过吗？在这些奇幻美丽的波纹中，其实还隐藏着一个令人震撼的"数学规律"。

科学家们经过研究发现，如果用每个沙波纹中最大的沙粒直径除以最小的沙粒直径，总会得到一个近似的数字。科研团队为了确认这个意料之外的发现，对来自以色列、中国、纳米比亚及印度的沙粒样品做了实证研究。最终他们发现，这套计算方法不仅可以用来观察地球内的沙漠环境，也同样适用于地球之外的区域。此外，这种策略还能帮助我们理解在火星等星球上巨大波痕是如何形成的，以及产生这些波痕需要什么样的气候条件。研究员们还表明，他们的算法能以过往的巨波痕沉积物为依据，复现以前的气候和天气情况。

知识链接

　　沙漠里气候干旱，沙尘强烈，缺少植物，使大多数动物难以生存。能够在这里生存的动物，都拥有特殊的形态、生活习性，以及惊人的适应能力。

无法测量的海岸线

炎炎夏日，你想去哪里避暑呢？海边绝对是不错的选择！悠闲地走在软绵绵的沙滩上，白云在蓝蓝的天空中飘荡，海水冲向海滩溅起闪亮的浪花，还有漫长蜿蜒的海岸线，这一切都是如此美丽而迷人。

海岸线是陆地与海洋的交界线，一般分为岛屿海岸线和大陆海岸线。当你在海边游玩的时候，你可曾想过如何测量海岸线的长度呢？

海岸线的长度问题，按传统科学方法来考虑是极其简单的。拿岛屿的海岸线来举例，我们可以把岛屿看成一个不规则的图形，海岸线的长度就可以看成这个不规则图形的周长。把海岸线每一小段的长度加起来就可得到岛屿总海岸线的长度。可是数学家曼德尔布罗特在研究英国海岸线长度时，得出的答案却令人惊异：英国海岸线长度是不确定的！它的长度取决于测量时所用的长度单位。

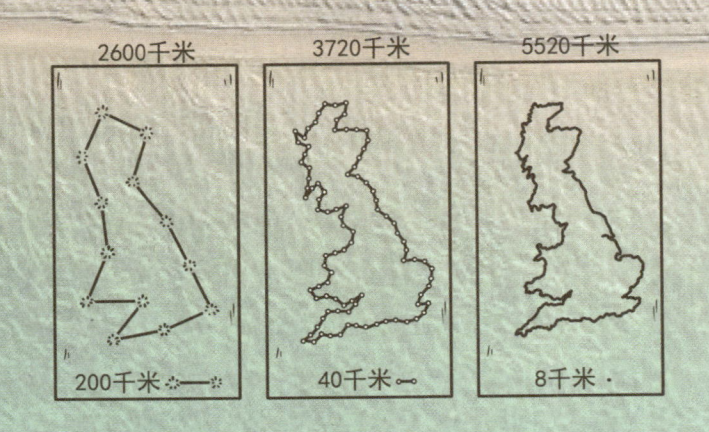

举一个简单的例子，如上图所示测量时如以 200 千米为长度单位，则几千米到几十千米甚至一百多千米的弯曲的线条就可能被忽略不计，得到的周长是 2600 千米；如将长度单位缩小到 40 千米，得到的周长是 3720 千米，大于 40 千米的弯曲的线条会计入在内，但仍有几千米的弯曲可能被忽略；如将长度单位进一步缩小到 8 千米，测得的周长是 5520 千米，大于 8 千米的弯曲的线条会计入在内，但仍有几米、几百米、小于 8 千米的弯曲的线条可能被忽略。采用的长度单位越大，测量的结果越不精确；采用的长度单位越小，从近似计算的结果看，相对要精确些。

从常识来看，采用的长度单位越小，测量的结果越精确，直到弯曲的线条被平滑的线条取代，这样会得到精确的边界。然而，把海岸线放大以后，实际情况并不是那样简单。比如我们把英国的海岸线放大，它的粗糙程度并没有改变，继续放大，无论放大到多少倍，它的粗糙程度是不会减小的。海岸线部分粗糙程度和整体粗糙程度是相似的，这就是自然界中的自相似情况。也就是说，无论放大多少倍，海岸线都不可能近似成直线或者简单平滑的曲线，所以海岸线的长度难以确定。

　　自然界中还有很多自相似的情况，不光是粗糙程度，很多形状也存在自相似性。如下图所示的蕨类植物的叶子，我们借助计算机，把其中的一部分叶子放大。叶片的每一小部分放大后结构与原来整体叶片的结构很像，当我们不断放大观察时，会发现它们像一个循环。每一个很小部分的叶片都蕴含着整体的结构。

　　很多树木也蕴含着自相似的情况，如下图所示，这棵树是怎么形成的呢？我们可以先画一个树干，然后画两个分叉，后面在每个分叉上都画上新的两个分叉，不断地画下去，就形成了左边的树木。

　　如下图所示的罗马花椰菜也是具有典型自相似结构的植物，图中的两个红圈分别圈出了不同的局部区域，尽管它们的尺寸不同，但结构相似。

除了植物，山峰的起伏、河流的走势、云朵的外形都有自相似的结构。

在人体内部，也存在着自相似结构。例如，我们的肺脏、血管、神经的结构都有自相似性。

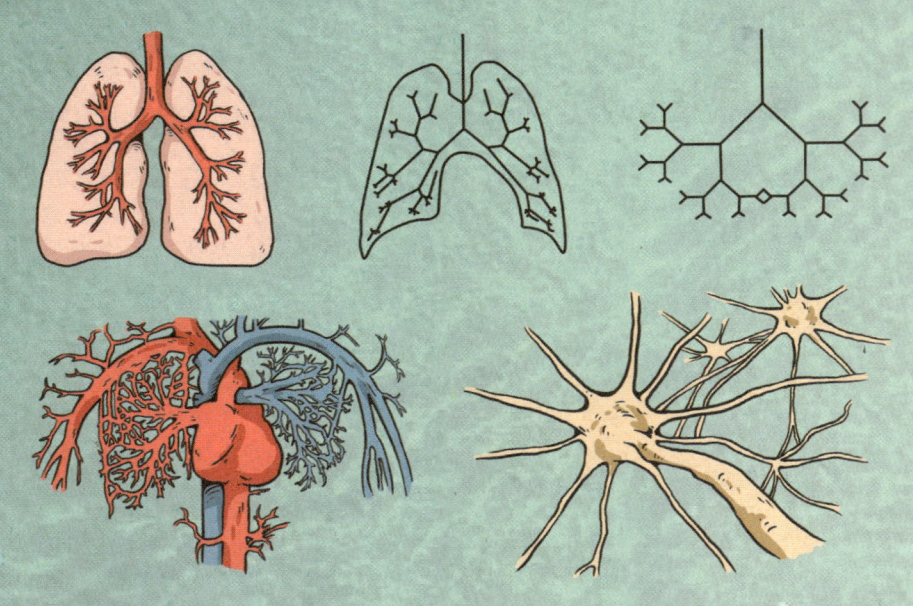

曼德尔布罗特博士创造了一个术语——"分形"来描述这些既美丽又神秘的形态，并创立了新的数学分支——分形几何学。如今，分形几何学已成为描述自然界，特别是许多不规则地学现象的有力工具。因为研究对象普遍存在于自然界中，所以分形几何学又被称为"大自然的几何学"。

野外迷路方法多

小朋友们，当你置身野外或者身处陌生的环境不小心迷路时，千万别慌张。你要仔细观察所处的环境，并正确地辨别方向，才能走出困境。其实自然界中有很多天然的"帮手"能够帮助我们辨别方向，苹果、苔藓、年轮、蚂蚁窝……，这些大自然的"指南针"是我们野外辨别方向的好帮手哦！

在野外，为了辨别方向，我们可以将一根木棍插在地面上，使木棍与地面保持垂直，当太阳光照射在木棍上时，地面上会出现木棍的影子。如下图所示，将木棍影子的末端标记为 P 点，寻找一石块放在 P 点处；大约 15 分钟后，地面上则会出现一个新的木棍影子，再将新的木棍影子的末端标记为 Q 点，在此处也放一石块。连接 P、Q 两点画一条直线。那么，直线 PQ 所指示的方向就是东西方向，而与这条直线垂直的方向就是南北方向，指向太阳的方向就是南向。

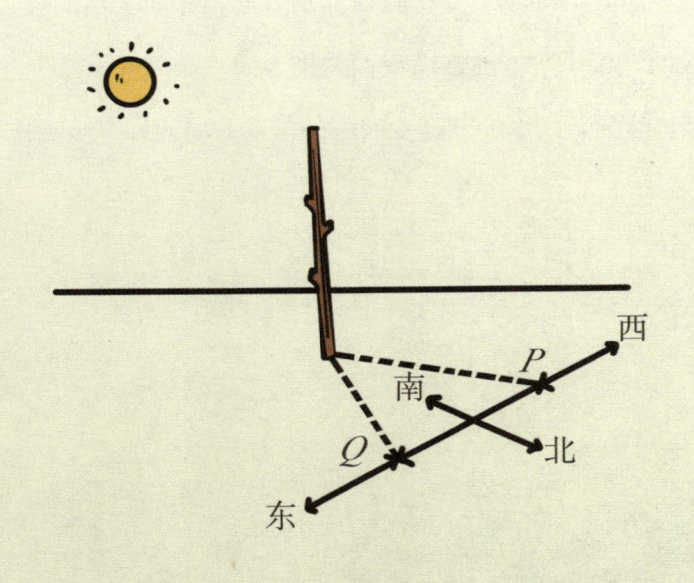

假如我们外出时恰好遇到阴天，没有太阳，那该怎么办呢？我们可以求助野外植物，它们也可以帮助我们辨别方向。以所处位置是北半球为例，我们利用植物判断方向的方法如下。

夏天，大树的南侧枝叶相较于北侧更加繁茂、葱郁。枝干光滑的一面朝南，粗糙的一面朝北。秋天，果树南侧的果实成熟更快、颜色也更加红润。在丛林深处，南面的岩石较为干燥，北面的较为湿润。大树北侧年轮间距较小，大树南侧年轮间距较大。夏天，松树、桃树南侧树干上会分泌较多的树脂。

在大自然中，除了利用植物辨别方向，利用动物也能辨别方向。例如，利用蚁穴帮我们辨别方向，通常情况下，我们日常所见的蚂蚁洞穴都是朝南的，这是不是非常有趣呢？

除了太阳、植物和动物，我们还可以利用周围的物体特征来辨别方向。

冬天，地面突出处北侧的积雪融化慢，地面凹陷处南侧的积雪融化也比较慢。我国境内的大多数河流流向都是自西向东，比如长江和黄河。

小朋友们，假如你们在外游玩时不小心迷路了，一定不要害怕和紧张。只要仔细观察周围的环境，就会发现许多"指南针"，它们可以帮我们尽快找到回家的路。

知识链接

（1）早上起来，面向太阳，前面是东，后面是西，左面是北，右面是南。

（2）依据一个确定的方向寻找其他三个方向的方法：面南背北，左东右西；面北背南，左西右东；面东背西，左北右南；面西背东，左南右北。

尼罗河的赠礼

在非洲东北部，有一条美丽的河流叫"尼罗河"。尼罗河是世界上最长的河流，每年6—10月份，尼罗河都会定期泛滥。

泛滥的河水退去后，河流两岸会留下一层肥沃的淤泥，这就是尼罗河的"赠礼"。这份赠礼让尼罗河两岸的农田非常丰饶，让埃及人种出了更多粮食。

然而，尼罗河泛滥也带来了一个问题。河水退去后，原来的田地界限会消失，人们需要重新划分田地。

古埃及的长老在重新划分田地时，遇到了一个难题：如何计算圆的面积。他们观察到，如果用 64 个单位面积的石子构建一个正方形，然后重新排列这些石子形成一个圆形，那么这个圆的直径将等于 9 个单位长度。因此，他们推断，这个圆和正方形的面积是大致相等的。于是，他们得出了一个公式：圆的面积等于直径减去直径的 $\frac{1}{9}$，然后再平方。利用此公式计算出的圆形面积与现代用圆周率 π 计算出的圆形面积非常接近。这是古埃及人对于几何学的一个重要贡献，他们通过观察和实践，发现了一个近似但非常有效的计算圆形面积的方法。

中国作为历史悠久的文明古国，很早就发现了圆的面积测量方法，祖冲之更是在刘徽创造的"割圆术"的基础上，首次较为准确地测量出圆周率 π，为中国古代的科技发展做出了重要贡献。

在这个过程中你会发现，数学不仅仅是抽象的公式和定理，还是一种语言，一种可以用来描述世界，解决问题的语言。而且这种语言是任何人都可以学习和使用的，只要你愿意去探索和实践。你可以试着在家里找一个圆形的物体，比如圆形的桌子或者镜面，然后用你学到的知识去计算它的面积，看看你能不能像古埃及人一样，用数学来解决实际的问题。

"计数天才"珊瑚虫

　　说到珊瑚虫，你是不是马上联想到了珊瑚？珊瑚和珊瑚虫有什么关系呢？实际上珊瑚是由珊瑚虫聚集而成的，珊瑚虫体型较小，身体呈圆筒形，触手有8个或8个以上，用于捕食，触手长得像花朵一样，在珊瑚虫触手的中心部位有一个口，海水由口而入，残渣则由口而出。珊瑚虫需要的主要营养不只是靠捕食获得的，还来自它们体内共生的虫黄藻的光合作用。珊瑚虫将自身代谢产生的二氧化碳等供给虫黄藻，而虫黄藻则将光合作用产生的糖分和氧气供给珊瑚虫。虫黄藻会呈现出斑斓的色彩，所以我们可以看到不同颜色的珊瑚。珊瑚虫不仅能组成美丽的珊瑚，还是有名的"计数天才"。

　　为什么珊瑚虫被称为"计数天才"呢？因为它们擅长记"日记"，大家都知道，可以依据大树的年轮来判断

大树的年龄，但你知道怎么判断珊瑚虫的年龄吗？我们可以根据它们记的"日历"来判断。珊瑚虫的身体就像一本"日历"，它们每天都会在自己的体壁上"描绘"一条细细的纹路，这条纹路称为"日轮"。珊瑚虫是怎样在身上描绘"细纹"的呢？珊瑚虫吸收海水中的钙和二氧化碳，在体内形成碳酸钙，然后再把碳酸钙分泌出来，这样珊瑚虫身上便逐渐出现一条条"细纹"。受光照的影响，白天太阳光强时珊瑚虫体内形成的碳酸钙就多，晚上则少，一年365天，就有365条细纹。因此，可以根据珊瑚虫身上细纹的多少来判断它们的年龄。而这些"日轮"在一起又会形成一条与其他年份不同的生长带，这将每年形成的细纹区分开，因此，科学家还可以根据生长带中细纹的多少，判断一年的天数。

古生物学家发现3.5亿年前的珊瑚虫每年刻画的细纹不是365条，而是400条。这是为什么呢？因为在远古时代，地球自转一周仅为21.9小时，当时的一年不是365天，而是400天。这说明，珊瑚虫"日轮"的精确度相当高。珊瑚虫又让我们对地球自转有了更多的了解。

珊瑚虫不仅会"计数",还"精通"其他数学知识呢。珊瑚虫是斜向生长的,这不仅可以帮助珊瑚虫有效地利用空间,还能使它们的外壳更加坚固。珊瑚虫的外壳有多种形状,如三角形、六边形、十二边形等,这些几何形状也可以帮助珊瑚虫增加身体表面积,从而更好地吸收营养。

其实我们生活中还有很多动植物可以利用自身特点来计算年龄,如水仙花也有"年轮",它的"年轮"在它的"蒜头"上,"年轮"的多少决定花期的长短。龟、鳖背甲上的环纹可以用来判断它们的年龄,遇到一出生就有"年轮"数的情况,在计算它们的年龄时要减去这些已有的"年轮"数。根据鲸耳垢上的条纹可以判断它们的年龄、性别等。

在生活中存在着各种各样值得我们去发现的奥秘,希望同学们今后留心观察,找一找大自然中哪些地方还有"年轮"。

不走寻常路的蛇

古代有这样一个谜语：无足而行，无翼而飞，无鳍而游。猜猜这是哪种动物？聪明的你一定想到了答案：蛇。

一提起蛇，很多人会不寒而栗。蛇是冷血动物，它的身体像软管，没有四肢，能吞下比自己重数十倍的动物。毒蛇还能喷射致命的毒液，这么强的杀伤力，难怪会让大家闻风丧胆。蛇也是一种非常神奇的动物，它们没有脚却"跑"得很快，有的种类甚至还会滑翔、会游泳，看来蛇还是驰骋于海、陆、空的小能手。

你观察过蛇是怎么在地面上爬行的吗？蛇主要有三种爬行方式，第一种是蜿蜒式爬行，像蚯蚓一样，弯弯曲曲地向前爬行；第二种是伸缩式爬行，像毛毛虫一样，身体拱起之后放下再拱起，这样不断重复地向前爬行；第三种是履带式爬行，蛇身上的鳞片就像坦克的履带，推动着身体沿直线向前移动。

蛇最常见的爬行方式是第一种蜿蜒式爬行，爬行时蛇身像字母"S"，可别小看这种爬行方式，按这种方式爬行，形成的曲线可是数学中的正弦函数曲线。什么是正弦函数？这个知识我们到高中才会学到，不过在小学阶段我们已经在用函数思想解决问题了。比如在我们学习的数量关系中，单价 × 数量 = 总价，如果单价确定，总价会随数量的变化而变化。若在直角坐标系中以横坐标为数量，纵坐标为总价，只要确定了数量，一定会找到与之对应的总价，我们将这些确定的点连接起来就形成了一条直线，这就是正比例函数的图像，如下图所示。

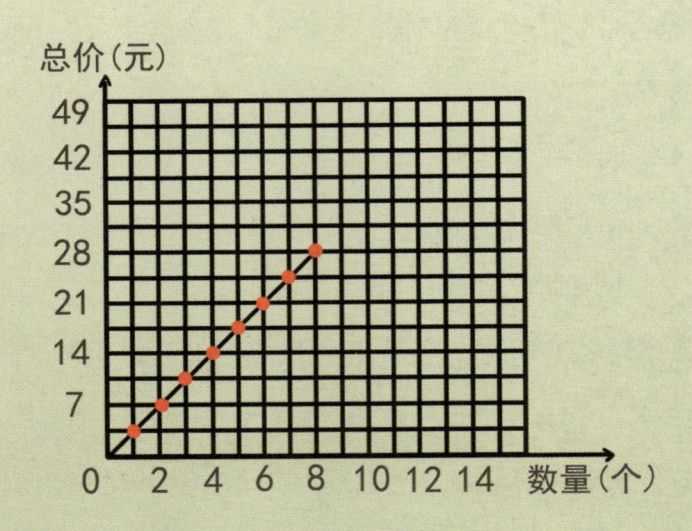

正弦函数也是函数的一种，它的图像是一条曲线，如下图所示。蛇的脊椎像火车车厢一样一节一节地连接在一起，如果把每一节的平面坐标固定下来，并以开始点为坐标原点，你会发现蛇的运动曲线刚好是正弦函数的图像，不走寻常路的蛇可以称得上"函数天才"了！

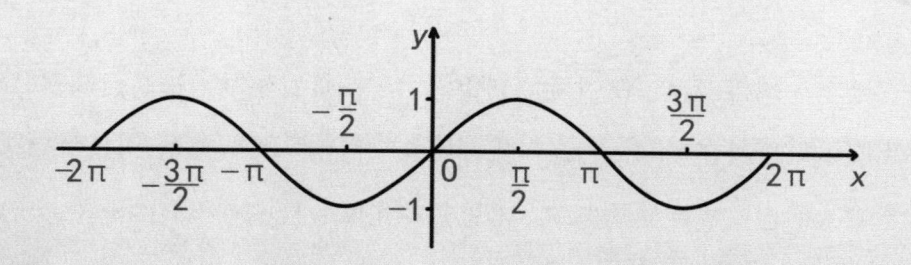

为了让人们更全面地了解蛇和爬行动物，每年的7月16日被设立为"世界蛇日"。希望大家减少对蛇的恐惧，以平常的心态去看待和保护它们。让我们共同抵制捕杀、贩卖蛇类，守护蛇类资源，守护这份生命的力量。

精准的队列专家
——丹顶鹤

"晴空一鹤排云上，便引诗情到碧霄""花暖青牛卧，松高白鹤眠""山色不离眼，鹤声长在琴"……在古代，诗人常借鹤来描写美景、抒发情感，鹤还常常被人们想象成神仙的坐骑，可见鹤在大家心目中有很高的地位，所以鹤也常被称为"仙鹤"。鹤有白羽红冠、修颈长腿，它们步履轻盈、姿态优雅，从古至今都是吉祥、忠贞和长寿的象征。你知道吗？"仙鹤"通常指的是我们现在所说的丹顶鹤。

长途飞行一直是丹顶鹤的拿手好戏，它们不仅能承受长程、长时的高海拔飞行，而且它们在飞行时还能保持相对固定的队形，因此丹顶鹤被称为"精准的队列专家"。能做到这一点，可不容易呢。看来丹顶鹤都能排列出哪些与众不同的队形呢？我们来一探究竟。

高冷的丹顶鹤对生存环境极为敏感，为了寻找更适合的生存环境，每年春夏季节，丹顶鹤族群会一起飞到北方进行繁殖，待幼鸟长大后，也正好是深秋季节，这时丹顶鹤再飞回温暖的南方原居地越冬。迁徙中它们总是成群结队，有时排成"一"字形飞行，有时排成"V"字形飞行，速度可以达到每小时40千米，飞行高度可超过5400米。

当排成"一"字形飞行时，鹤群排成一条直线，沿飞行方向平移。当排成"V"字形飞行时，鹤群两翼的丹顶鹤之间形成约110°的夹角，动物学家研究发现，飞行队列夹角保持在110°左右，可以让丹顶鹤利用彼此间翅膀摆动所产生的上升气流增加滑翔时间，从而快速、省力、持久地飞行。此外，"V"字形的编队能够增进鸟与鸟之间的交流，头鹤发出的有关信息和命令可以又快又准地传达给集体中每个成员。我们知道"V"字形队列夹角度数约是110°，鹤群两翼与前进方向所在直线的夹角约是54°44′8″，而世界上最坚硬的金刚石结晶体的角度同样是54°44′8″，两个度数相同是巧合吗？时刻保持警惕状态的丹顶鹤应该是想排列成如金刚石结晶体般牢不可摧的防御队形吧。"V"字形的编队不但充满美感，而且显得丹顶鹤群非常团结，能够给天敌以威慑使其望而生畏，不敢轻易发起进攻，确保丹顶鹤迁徙的安全。然而，当飞行遇到强风时，空气中的气流会给丹顶鹤的飞行带来较大的阻力。队列内的丹顶鹤容易相互撞

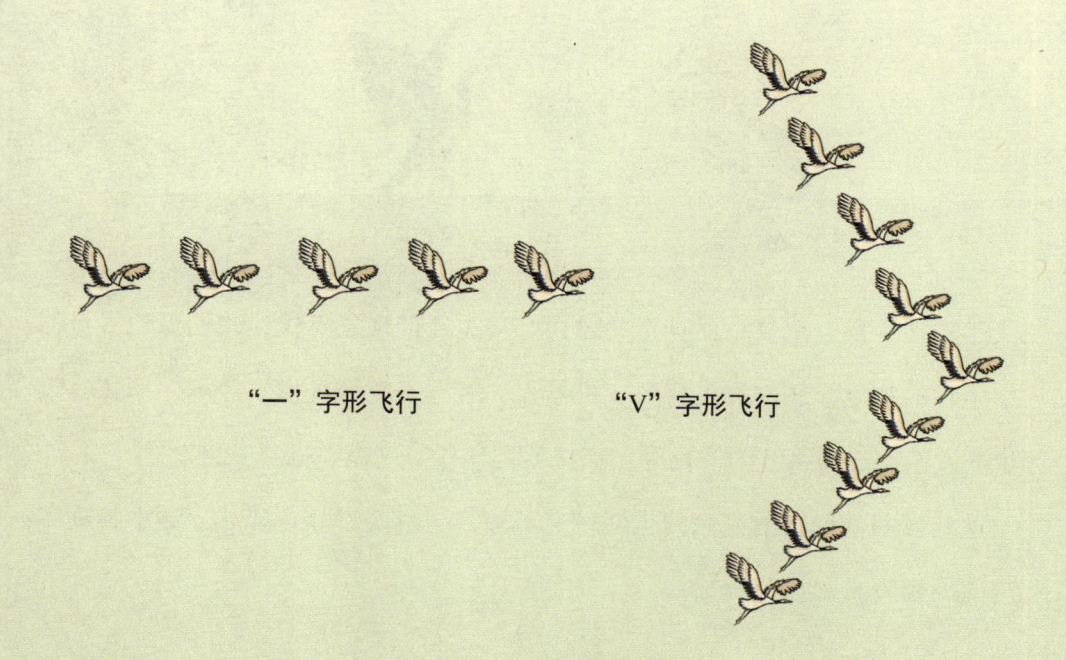

"一"字形飞行　　　　"V"字形飞行

击，此时精明的丹顶鹤通常会切换成"一"字形的队列方式，采用"一"字形队列方式能帮助鹤群更好地平衡阻力，减少疲劳。

其实在鸟类中，有特殊飞行技能的可不止丹顶鹤哦。每年的春秋两季，我们经常可以看到成群结队的鸟类在天空飞过，去寻找更适合生存的环境。

它们和丹顶鹤一样，都不约而同地选择了"V"字形、"一"字形飞行。你认识下面的鸟吗？白色且缩着脖子的是鹭鸟，白色且伸着脖子的是天鹅，黑色且伸着脖子的是普通鸬鹚，短胖的是雁类，个头大、飞翔速度慢的是鹤或者鹳。下次再看到成群飞过的鸟类时，你能准确辨别它们的种类吗？

雁类　　鹭鸟　　天鹅

鹳　　鸬鹚

鸟类迁徙是一个复杂而神奇的过程，鸟类迁徙现象不仅让我们见识了自然界中生物的智慧，还给人工智能、机器人、航空等领域提供了启示。例如，无人机的发明、交通系统的优化等，都从鸟类迁移的过程中得到了启发。

这些发明与创新给我们的生活带来了惊喜与改变。你还能从生活中找到哪些与鸟类相关的发明呢？

为质数而生的周期蝉

"池塘边的榕树上,知了在声声叫着夏天……"你听过知了叫吗?知了其实就是我们常说的蝉。每当炎热的夏季来临,我们便会听到持续不断的蝉鸣。

可能大家已经习惯了蝉鸣在每个盛夏的如约而至,然而对于每只蝉来说,经历一个夏天它便会迎来死亡。蝉的生命历程为何如此短暂?这要从蝉特殊的一生说起。

蝉的生命周期分为卵、幼虫、成虫三个阶段。雌性蝉在树皮中产卵,待卵孵化为幼虫后,幼虫就会钻入泥土中潜伏起来,幼虫在地下逐渐成熟之后才破土而出,爬上高枝羽化。雄性蝉通过鸣叫的方式吸引雌性蝉的注意,雌性蝉则会通过拍打翅膀的方式来对雄性蝉做出回应。待繁殖完成后,这些成虫就会死亡,产下的蝉卵则进入下一个生命周期。一只蝉鸣叫的时间通常不会超过一个月,所以说蝉的每声鸣叫都是它的生命绝唱!

蝉的寿命真的非常短暂吗？其实蝉只是在地上鸣叫的时间比较短，而寿命并不短，因为它们一生中的大部分时间都在地下潜伏。蝉的种类不同，蝉从幼虫长到成虫所需的时间也不同，我们身边常见种类的蝉的幼虫能在土壤中生活1~5年呢。

你知道吗？在北美洲有一种非常独特的"十七年蝉"，顾名思义，它的生命周期长达17年，比其他种类蝉的寿命要长得多。更特别的是，这类蝉的出现具有周期性，它们像约定好的一般，在土壤之下潜伏17年，然后一同破土而出开始它们的繁衍活动，其后代也会在同一年入土潜伏，在17年后"准时赴约"，如此循环。由于它们每隔相同的年份就集中出现一次，人们把这类有周期现象的蝉叫作"周期蝉"。同样被称为周期蝉的还有"十三年蝉"，你能猜到它的含义吗？没错，这类蝉的生命周期是13年。

周期蝉为什么会选择13年和17年这两个周期长度呢？科学家们从不同角度进行研究分析，发现其中一个原因是为了更好地躲避天敌。蝉的天敌也具有规律的周期性繁殖习性。拥有数学眼光的你可能已经发现了13和17都是质数，它们只有 1 和它本身两个因数，周期蝉的选择和质数是不是有着紧密的联系呢？假如蝉的生命周期是 6 年这样的合数，则它们与那些生命周期为 1 年、2 年、3 年、6 年的天敌都可能反复相遇，如下表所示，使种群生存受到更多威胁。

假设在 2000 年六年周期蝉和天敌同时开始繁衍							
年份	2000 年	2001 年	2002 年	2003 年	2004 年	2005 年	2006 年
六年周期蝉	√						√
一年周期天敌	√	√	√	√	√	√	√
两年周期天敌	√		√		√		√
三年周期天敌	√			√			√
六年周期天敌	√						√

通过平时的学习，我们知道 1，2，3，6 都是 6 的因数，通过观察表格不难发现，周期年数的因数越多，蝉出土当年遇到天敌的概率就越大，对周期蝉的繁衍越不利。所以聪明的你现在一定理解了周期蝉的选择：要选择因数少的质数周期作为生命周期才更安全！

另一个原因则是受恶劣环境的影响,有观点认为周期蝉可能起源于180万年前,当时北美地区出现了冷夏,一些蝉一出土就冻死了,一些蝉则尽量蛰伏在地下以躲避严寒。一些生命周期短的蝉可能全被冻死了,只有生命周期长的蝉才勉强幸存。伴随着全球气候的变暖,有科学家发现,由于温度的升高,有部分十七年蝉提前4年破土而出,逐渐缩短生命周期变为十三年蝉,巧妙的是13也是质数!有科学家通过观察、研究发现,十七年蝉是在生命周期和恶劣气候之间平衡出的最大极限。

这就是为质数而生的周期蝉,一群低调生活了百万年的数学天才!

知识链接

质数:像2,3,5,…这样只有1和它本身两个因数的数。

合数:像4,6,8,…这样除了1和它本身,还有其他因数的数。

几何专家——壁虎

你听过"小壁虎借尾巴"的故事吗？神奇的是，小壁虎的尾巴断了之后，还可以再生。除了它的尾巴，小壁虎的身上还藏着许多奥秘。壁虎背腹扁平，全长通常为10~15厘米，尾巴与头体长度基本相当，壁虎的眼睛大大的，大部分壁虎由于没有能活动的眼睑，因此它的眼睛总是保持睁着的状态。可别小看了它的眼睛，其中有着长长的"之"字形瞳孔，这种瞳孔在白天可以阻挡明亮的阳光，在夜间则会展现出色的夜视能力，这种能力足足比人类强了350倍。

壁虎通常白天潜伏在墙缝、瓦檐、柜子后等隐蔽处，晚上才出来活动。我们经常可以看到，壁虎无论是在墙壁上还是在光滑的玻璃上，都行动自如，它是怎么做到的呢？动物学家研究发现壁虎的指、趾扁平宽大，指、趾下面形成的皮肤褶襞，具有黏附能力，可以增加指、趾和光滑面的摩擦力，这个黏附力足以支撑起壁虎自

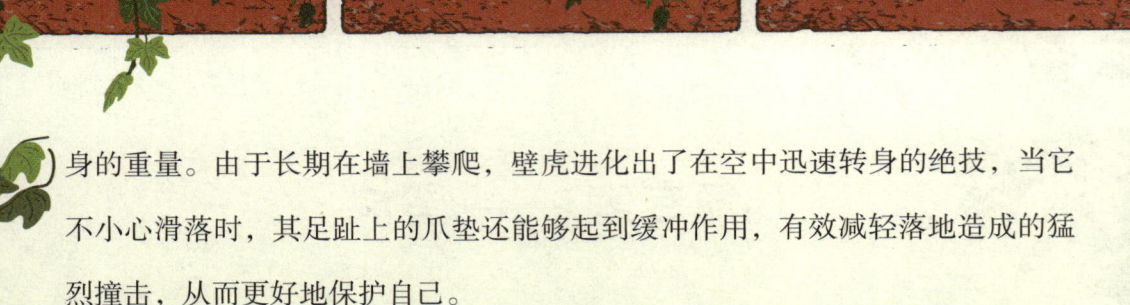

身的重量。由于长期在墙上攀爬,壁虎进化出了在空中迅速转身的绝技,当它不小心滑落时,其足趾上的爪垫还能够起到缓冲作用,有效减轻落地造成的猛烈撞击,从而更好地保护自己。

壁虎可不仅是"飞檐走壁"的高手,更是一个"几何专家",它能利用超强的数学能力,达到快速捕食的目的。

壁虎不仅能在平面上来去自如,在曲面上追击猎物时也同样敏捷。当壁虎在柱子表面捕捉蚊子、苍蝇等小昆虫时,为了快速捕捉到猎物,它会沿一条螺旋形曲线爬行,这种曲线在数学上称为"圆柱螺旋线"。圆柱螺旋线是一个动点沿圆柱面上的一条母线作等速移动,而该母线又绕圆柱面的轴线作等角速的旋转运动时,动点在此圆柱面上的运动轨迹。

壁虎为什么会沿"圆柱螺旋线"爬行呢?因为在捕食过程中这条路线最短。这里就用到了我们数学上两点间线段最短的知识。我们以圆柱形柱子为例,若壁虎在柱子上发现了一只飞来的虫子,虫子和壁虎在同一垂面时,壁虎可以直接根据两点之间线段最短进行快速捕食,而如果虫子和壁虎不在同一垂面上也不在同一水平面上时,壁虎想快速吃到虫子,哪条路线最短呢?聪明的小壁虎想到了方法,它通过分析发现,连接这两点的圆柱螺旋线是最短的,所以它会沿着这条最短的路线进行捕猎。为什么圆柱螺旋线最短呢?我们可以利用数学

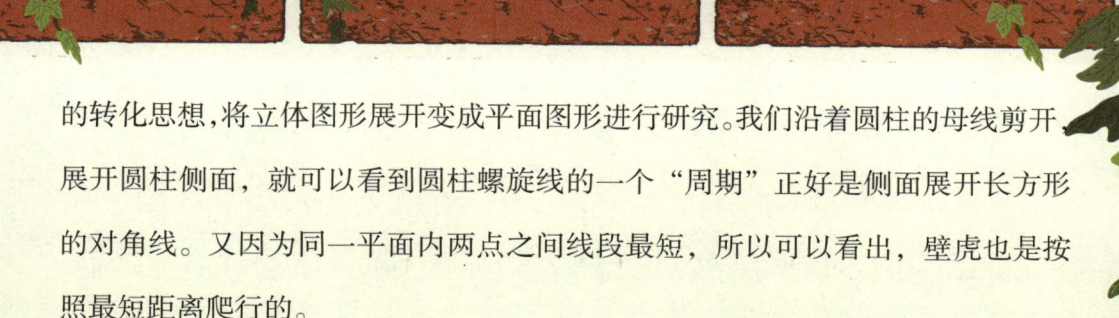

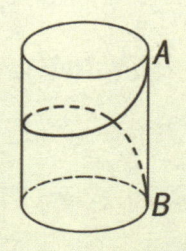

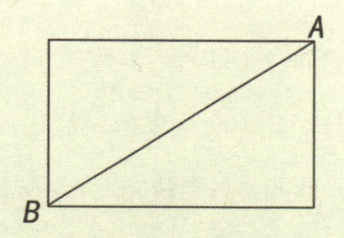

的转化思想，将立体图形展开变成平面图形进行研究。我们沿着圆柱的母线剪开，展开圆柱侧面，就可以看到圆柱螺旋线的一个"周期"正好是侧面展开长方形的对角线。又因为同一平面内两点之间线段最短，所以可以看出，壁虎也是按照最短距离爬行的。

在日常生活中，飞蛾会选择螺旋线的飞行方式，感兴趣的读者可以查阅更多的资料。其实在我们的日常生活中，螺旋元素被应用在许多物品上，如蚊香、螺丝钉、弹簧、旋转楼梯，等等。那么你能想到它们各自的工作原理是什么吗？带着你的好奇心，去寻找更多有趣的螺旋线问题吧！

超级建筑师——蜜蜂

在自然界中有一种称得上"建筑师"的昆虫——蜜蜂。蜜蜂的表皮呈黄褐色或黑褐色,头顶有两根天线似的触角,有一对圆鼓鼓的复眼,前翅大、后翅小,有毛茸茸的身体,椭圆形的腹部末端藏有尖尖的螫针,三对足各有优势,前两对足主要用于清理身体和整理花粉篮,后一对足用来携带花粉。

蜜蜂喜欢群居的生活方式,蜂巢里通常有一只蜂王、500~1500只雄蜂和几万只工蜂,它们分工明确,各司其职。雄蜂是由未受精卵发育而成的,它们以生命为代价与新蜂王交配来繁殖后代,交配期结束后,雄蜂便走向死亡。蜂王和工蜂都是雌性的,由受精卵发育而成,蜂王体形较大,每天能产1000多个卵,负责繁衍后代,维持秩序;工蜂则是家里的"顶梁柱",承担蜂巢中的所有必要工作。

春暖花开之时,我们能看到蜜蜂在花丛间不停地飞舞,这些忙碌的身影就是工蜂。辛苦的工蜂一出生就注定要为工作而奔波，年龄较小的工蜂负责蜂巢内的工作，如保洁、温度调节、喂养幼虫、营造蜂房、防御守卫等，而年龄较长的工蜂负责外出采集花粉和花蜜。工蜂不仅工作繁多，还能保卫蜂群。当"敌人"靠近时，工蜂会用螯针刺入"敌人"皮肤中，刺完后工蜂迅速撤离，这个过程中，螯针留在"敌人"体内，同时工蜂的内脏被拉扯损坏，导致它们失去生命，所以说工蜂在用生命保护"家族"的安全。在这样的高强度、多危险的工作岗位上工作，工蜂的寿命只有短短几个月，它们会一直工作到生命结束的那一刻。

在诸多工作中，建造蜂巢算是工蜂的一项艰巨任务。工蜂身上特殊腺体分泌出的蜂蜡是建造蜂巢重要的原材料。由于分泌出的蜂蜡会在短短几秒内迅速凝固，所以在建造蜂巢时，众多蜜蜂会挤在一起，使中心区域温度保持在35℃左右，避免蜂蜡凝固。蜜蜂建造的蜂巢中，每个蜂室都是大小相等的六角形柱状体，表面是平整的正六边形开口。

蜂室表面的开口为什么是正六边形，而不是圆形呢？如果蜂室表面是圆形的，圆与圆之间会留有空隙，达不到共用蜂室壁的目的，也不能节省蜂蜡。原来这些杰出的"建筑师",建造蜂巢时用到了数学知识——平面密铺。密铺就是用完全相同的一种或几种平面图形进行拼接,既不能留空隙,又不能重叠,小蜜蜂设计的蜂巢表面恰好是一幅密铺图形。

除了蜂巢中出现的正六边形能密铺,还有哪些正多边形可以密铺呢?在密铺时要保证平面图形之间既不留空隙又不重叠,意味着图形拼接处的顶角之和等于360°。我们可以动手拼拼看,还可以算一算,通过计算(先用公式 $α=180°(n-2)/n$ 算出正 n 边形的内角 $α$,再看360°能否整除 $α$)得出,除了正六边形,还有正三角形、正方形也能够实现平面密铺,需要注意的是,正五边形不能密铺。

正多边形		顶角之和是否为360°	拼成的图形
正三角形	60°	60°×6=360°	
正方形	90°	90°×4=360°	
正五角形	108°	108°×3=324°	
正六角形	120°	120°×3=360°	

如果平面图形不是正多边形呢?动手画一画或拼一拼,你会发现任意的三角形或四边形都能独立进行拼接,它们都是可以密铺的。原来任意三角形的内角和是180°,180°的两倍正好是360°,任意四边形的内角和刚好是360°。

正五边形不能进行密铺，难道所有的五边形都不能密铺吗？并不是，像右侧这种特殊角度的五边形就可以密铺。

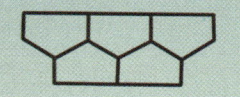

图形不仅能够单独密铺，还可以和其他图形组合起来进行密铺。

你可以试一试，看看能不能创造出更神奇的密铺图案呢？

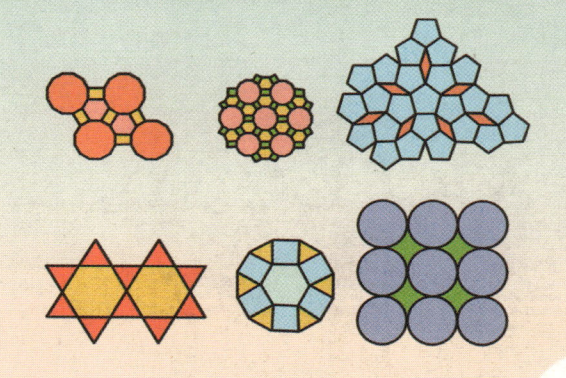

20世纪的一位荷兰艺术家埃舍尔，在参观西班牙阿罕伯拉宫时受到建筑上密铺图案的启发，创造了大量的艺术作品，向人们展示了密铺图案中的数学之美。

蜜蜂建造的蜂巢是大自然中的数学之美，随着人类文明的进步，这种结构还被人们巧妙地应用在了产品设计、建筑设计等领域。例如，运用蜂巢结构设计的鞋垫，不仅轻盈透气、柔软舒适，还能缓压减震；还有采用蜂巢针织工艺的布料，既排汗速干，又细腻亲肤。

　　蜂巢结构不仅能提高材料的利用率，还能提高结构的强度。在日常生活中，你有没有发现蜂巢结构有哪些应用呢？

结网小能手——蜘蛛

"一个英雄汉,设下天罗网,天天打埋伏,坐等飞来将。"猜一猜,这是什么动物?是蜘蛛!

蜘蛛,是一种有趣的节肢动物,很多人认为蜘蛛是昆虫,其实它并不是昆虫。尽管昆虫和蜘蛛都属于节肢动物门,但在分类上两者有所不同:昆虫属于节肢动物门昆虫纲,蜘蛛则属于节肢动物门蛛形纲。从外形上看,昆虫的身体分为头、胸、腹三部分,而蜘蛛只有头胸部和腹部两部分,并且昆虫一般有三对足,蜘蛛却有四对足。

蜘蛛的一生会经历卵、幼虫、成虫三个时期,幼虫和成虫大小不同,但生理结构完全一样。它的分布范围广泛,除南极洲外,几乎全世界都有蜘蛛的踪迹。然而蜘蛛的生命非常短暂,通常为8个月至2年。

提到蜘蛛,你很自然地会联想到它的捕猎神器——蜘蛛网。

蜘蛛不必像其他动物那样，为了捕食而四处奔波，有了蜘蛛网，它们可以等待猎物自投罗网。虽然不是所有的蜘蛛都会织网，但是几乎所有的蜘蛛都会吐丝，这些丝线可以帮助蜘蛛逃生或者捕捉猎物。蜘蛛网的蛛丝非常细，而且弹性很好，能承受的拉力很大。有专家计算发现：蛛丝的强度是等质量钢丝的5倍，并且具有更好的拉伸性，可以伸长到蛛丝原来长度的13倍，细细的蛛丝竟如此神奇。

你知道吗？不同种类的蜘蛛会织出形状各异的网，有漏斗网、片网、缠结网等，我们常见的蜘蛛网是接近圆形的网。如果仔细观察，你会发现蜘蛛织的网匀称且美观，比工程师用圆规和直尺等工具作的图都工整，像事先计算过一样。在小小的蜘蛛网里，你能找到平行线、等腰三角形、梯形等诸多几何图形。聪明的蜘蛛在编织蜘蛛网的时候不仅织出了许多"几何图形"，还为数学家提供了数学灵感呢。

据说，将图形和数结合的笛卡儿坐标系就是著名数学家勒内·笛卡儿受蜘蛛织网的启发创造出来的。笛卡儿期望用几何图形来表示代数方程，可是一直困扰他的问题是，几何图形是形象的，代数方程是抽象的，几何中的点如何才能用代数中的几个数表示出来呢？一天，笛卡儿生病躺在床上望着房顶，一只正在墙角织网的蜘蛛引起了他的注意，他望着这只悬在半空中的蜘蛛，再看看墙角的蜘蛛网，突然茅塞顿开：可以用相邻的两面墙和房顶交出的3条线，来确定蜘蛛的位置，即空间中的任意一点都可以用3个有顺序的数(x, y, z)来表示，反之，任意3个有顺序的数 $(x，y，z)$ 就有空间中的一个点和它对应。同样的道理，平面上任意一个点都可以用一组有序实数对 $(x，y)$ 来表示，反之，一组实数对 $(x，y)$ 可以表示平面上的一点，这就是直角坐标系的雏形。

瞧，假设蜘蛛在一维的数轴上，我们可以用一个数字3来表示它的位置；如果把蜘蛛放到二维的平面中，我们可以用数对 $(3，2)$ 来表示它的位置；如果把蜘蛛放到三维的空间中，并且蜘蛛离开原来的二维平面，那么我们则可以用坐标 $(3，2，4)$ 来表示它的位置。

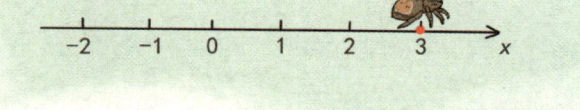

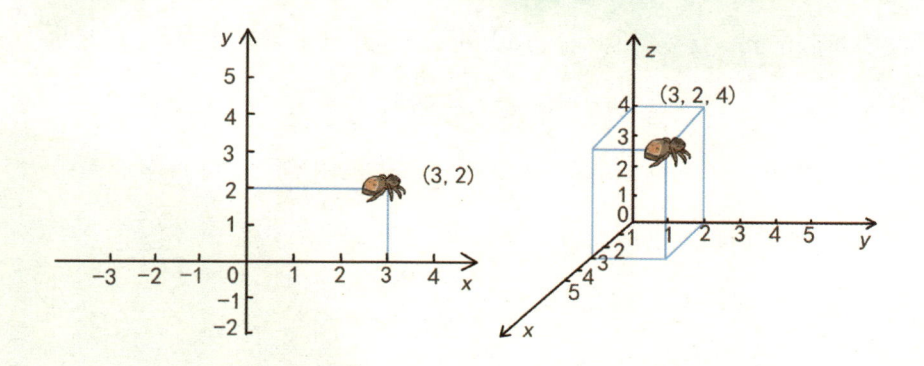

没想到小小的蜘蛛网里竟蕴藏着如此美妙的数学奥秘，让我们不得不赞叹！期望你们都能够像笛卡儿一样善于思考，乐于发现！

猫的秘密

陆游有诗云:"溪柴火软蛮毡暖,我与狸奴不出门。"其中的"狸奴"是猫的别称,自古猫就深受人们喜爱。

猫属于猫科动物,是较早演化成形的动物,早在4000年前的古埃及,人们就开始有规模地驯化猫。家猫性情温顺、聪明活泼,不仅古人喜爱猫,现代很多家庭也选择猫作为爱宠。

外表可爱的猫,究竟有哪些过人之处呢?这就不得不提到猫捉老鼠的本领。猫的神奇的眼睛,可以洞察夜晚的一切;敏锐的耳朵能够听清老鼠在地板下爬行时细微的声响;伸缩自如的爪子,在发动攻击时,可以瞬间从爪鞘弹出,给老鼠致命一击。猫之所以喜欢捉老鼠,其中一点原因是老鼠体内含有牛磺酸,猫需要摄入足量的牛磺酸来保证夜视能力。

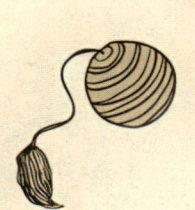

古今中外还流传着猫有"九条命"的说法，其实这也是有科学依据的。因为猫有超强的平衡能力，当猫从高处落下时，猫能够借助尾巴调整身体的平衡，在下降过程中旋转身体，保证四足朝下，而猫足上的肉垫非常有弹性，可以起到缓冲的作用，从而保护猫不受伤，所以才有了猫有"九条命"的传说。

猫喜欢晚上活动，白天睡觉，所以人们有时会叫猫"懒猫"。实际上猫大多数时候只是在打盹休息，如果你仔细观察会发现，只要有一点声响，猫的耳朵就会动，有人走近的话，猫还会"突然"醒来。

在天气寒冷的时候，猫会把身体蜷曲成一个球睡觉，这样可以使身体暴露在冷空气中的表面积减少，从而减少热量的散发，会更暖和一些。看来猫还具有几何学家的潜质呢！其实早在2000多年前，古希腊数学家阿基米德就运用穷竭法计算出了球体的表面积，并证明了在同样体积的各种物体中，球体的表面积一定是最小的，也就是说不管是球体、长方体、正方体还是其他不规则的立体图形，只要它们的体积是一样的，球体的表面积最小。当然，猫并不懂得什么数学原理，它只是在漫长的时间里进化出了与环境最相宜的行为方式，这就是大自然的智慧。

像猫这样抱成球形睡觉的动物还有很多，有些寒冷地区的动物体型也会接近球形，生活在南极的企鹅体型就近似椭球形，动物的卵也大都是椭球形的。

不仅动物界存在这样的形态适应性，植物界也如此，比如我们日常吃的水果很多都是近似球形的，它们在生长的过程中为了减少水分和营养物质的流失，长期形成了近似球形的形态，这也是大自然不断进化的结果。你还能在生活中找到类似的现象吗？去找一找吧！

挖掘机——鼹鼠

你见过动画片里的鼹鼠吗？圆圆的脑袋，胖胖的身体，十分可爱。鼹鼠和常见的家鼠一般大小，它们外形像鼠，但不是鼠，圆滚滚的身体上有4条小短腿，身上的绒毛细腻柔软。由于鼹鼠基本上都在地下活动，很少用到眼睛，因此鼹鼠的眼睛非常小，隐藏在皮毛里，几乎只能感光，但鼹鼠的嗅觉却极其灵敏。

鼹鼠天生是掘土打洞的小能手。鼹鼠的身体如同挖掘机，它们的前爪又大又宽，掌心向外，强劲有力，一边挖土，一边将泥土拨到身后，再用强壮的后肢将泥土向更远的身后踢去。然后，转过身来用扁平的头盖骨向外挤压泥土，把泥土推到洞外……这样一套连续的动作，使鼹鼠打洞的速度惊人，雄鼹鼠每分钟可以掘进30厘米，即每小时可以掘进18米。

鼹鼠不仅拥有非凡的打洞技能，而且还具备"建筑设计师"的才能。鼹鼠

的"地下宫殿"并不像表面看上去的那样简单,为了进出方便、利于躲藏,鼹鼠设计了很多洞口和地道,在地道的两侧或尽头,有许多宽敞的空间,这些空间分别是鼹鼠的卧室、储藏室和育婴室。

地道看似错综复杂,实则井然有序,鼹鼠真称得上"设计天才"!

不仅如此,鼹鼠还称得上"数学大师",它们对角度的研究非常透彻。鼹鼠在挖掘地下通道时,总能沿着大概90°的方向转弯打洞。为什么是90°呢?原来,这样可以最大限度地利用地下资源。如下图所示,如果鼹鼠转弯角度过小或者过大,都会有很大块的土地被浪费,能用到的土地就减少了,所以90°能最大限度地保证鼹鼠利用土地。

除此之外，90°转角也更容易让鼹鼠定位到储存的粮食位置，无论粮食在哪里，像左下图中那样，鼹鼠只需走两条线段就能找到粮食，如果是其他角度，如右下图所示，鼹鼠要转来转去才能找到食物，对鼹鼠来说难度可就太大了，也许在找到食物前，它就转晕了。

提到"角度"，大家对锐角、直角、钝角、平角和周角一定不陌生。除了这5个角，还有优角（大于180°且小于360°）、劣角（大于0°且小于180°）、负角（沿顺时针方向旋转而成的角）、正角（沿逆时针方向旋转而成的角）、

零角（等于 0° 的角）呢，中学阶段我们就会学习更多关于角的知识。其实，我们不仅仅要学习关于角的知识，还要用它们来解决更多问题。

类别	锐角	直角	钝角	平角	周角
范围	大于 0° 小于 90°	等于 90°	大于 90° 且小于 180°	等于 180°	等于 360°
图形					

人们从鼹鼠的"地下宫殿"得到启发，发明创造了高效、智能的城市地下交通系统。这种，地下交通系统不仅方便了人们出行，减轻了地面交通负担，还为应对紧急情况提供了防空和人员疏散的空间。大自然不仅为我们提供美丽的景象，还能启发我们创造更多美好的事物！

雨林中的"画圆高手"

圆在我们身边随处可见，那你知道雨林中的"画圆高手"是谁吗？它就是锚阿波萤叶甲，它可不是在纸上画圆，而是在海芋的叶子上画圆。

对于大部分昆虫来说，面对海芋只能望而却步。海芋属多年生草本植物，常生长于热带雨林的底层，它的叶片很大，叶肉肥厚鲜嫩。然而海芋美丽的外表下却暗藏玄机，它会从叶片或茎部损伤处排出汁液，毒素就隐藏在汁液中。若虫子喝下有毒的汁液，有可能会死亡。如果海芋的叶子被虫子啃食，它的汁液就会沿着叶脉输送到伤口，若虫子继续啃食则会逐渐失去知觉，甚至失去生

命。所以绝大多数虫子都会远离海芋。

魔高一尺，道高一丈，锚阿波萤叶甲却不怕海芋，还以它为食，它们会爬到海芋叶子背面，先用嘴在叶子上刻一个圆，然后才开始吃圆里的叶肉。为什么它们要先在叶子上刻个圆呢？这是因为锚阿波萤叶甲会在刻圆的同时用下颚切断海芋的叶脉，切断毒素的"传送带"，这样就能避免自己中毒。

你可别小看了这个动作，其中也蕴含着锚阿波萤叶甲的智慧。有时为了安全，锚阿波萤叶甲并不是一次就画完一个圆，而是画三遍。第一遍先试探性地轻轻地在叶片表面画出一个大致的圆的轮廓，这样不会引起海芋的警觉，算是打个草稿；第二遍，锚阿波萤叶甲会快速用力将叶片的表皮割裂；最后一遍，切割圆边上的脉络。此时，海芋的毒素便无法再通过叶脉传输了。叶片在受伤状态下，会不断地释放毒素，锚阿波萤叶甲只需要稍等片刻，待大部分毒素排出后，就可以尽情享用海芋的叶片啦，圆圈内叶肉中剩余的少量毒素也不会让它们中毒。锚阿波萤叶甲为什么要选择画圆，而不是画其他形状呢？

原因是在平面图形中，如果周长相等，圆的面积最大，也就是说做相同的工作量，画圆它们吃到的叶片面积最大。我们可以举例算一算，取一根长 24 厘米的铁丝围我们学过的平面图形。我们用这根铁丝围成一个宽为 2 厘米的长方形，长方形的长就是 24÷2-2=10（厘米），面积就是 10×2=20（平方厘米）。我们把刚才围的长方形的宽边斜着拉，又可以得到一个平行四边形，我们用尺子量出平行四边形的高是 1 厘米，底边是 10 厘米。根据平行四边形的面积公式，算得它的面积是 10×1=10（平方厘米）。我们还可以用这根铁丝围正方形，正方形的四条边长都相等，边长为 24÷4=6（厘米），面积为 6×6=36（平方厘米）。我们还可以围底边为 8 厘米的等边三角形，量得三角形的高约是 6.9 厘米，算出它的面积约是 8×6.9÷2=27.6（平方厘米）。用铁丝围圆形，当圆的周长为 24 厘米时，它的半径为 24÷（2π）≈3.82（厘米），则圆的面积为 $3.14 \times 3.82^2 \approx 45.82$（平方厘米）。通过比较我们可以发现，在周长一定的情况下，圆的面积是最大的。这个结论是数学上著名的"等周定理"。

锚阿波萤叶甲通过"画圆"的方法吃到的叶片面积最大。它没有使用任何工具，就画出了圆，不愧是"画圆高手"！可见锚阿波萤叶甲的几何"学得"相当不错，能够将理论应用到实践。

其实锚阿波萤叶甲的"画圆"行为虽然破坏了海芋叶子，但是叶子被锚阿波萤叶甲啃食后留下的小洞，可以帮助海芋排掉叶片上的雨水，还有利于透气，同时也为海芋增添了独特的美感，对海芋来说也算是因祸得福吧。

知识链接

正方形面积公式：$S=a^2$

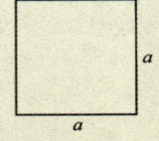

圆的面积公式：$S=\pi r^2$

圆的周长公式：$C=2\pi r$

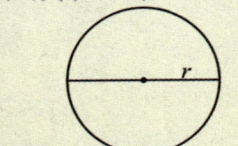

长方形面积公式：$S=ab$

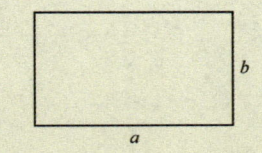

平行四边形面积公式：$S=ah$

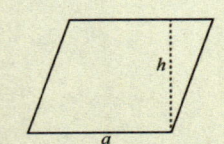

三角形面积公式：$S=\dfrac{ah}{2}$

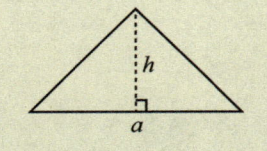